新媒体发展与新闻传播创新研究

杨 树◎著

吉林出版集团股份有限公司

图书在版编目（CIP）数据

新媒体发展与新闻传播创新研究 / 杨树著. — 长春：
吉林出版集团股份有限公司，2021.12

ISBN 978-7-5731-0988-0

Ⅰ. ①新… Ⅱ. ①杨… Ⅲ. ①传播媒介—发展—研究
②新闻学—传播学—研究 Ⅳ. ①G206.2②G210

中国版本图书馆 CIP 数据核字（2021）第 257945 号

新媒体发展与新闻传播创新研究

著　者	杨　树
责任编辑	王　平
封面设计	枼　吉
开　本	787mm×1092mm　　1/16
字　数	250 千
印　张	11.5
版　次	2021 年 12 月第 1 版
印　次	2021 年 12 月第 1 次印刷
出版发行	吉林出版集团股份有限公司
电　话	总编办：010-63109269
	发行部：010-63109269
印　刷	北京宝莲鸿图科技有限公司

ISBN 978-7-5731-0988-0　　　　　　　　　　　定价：58.00 元

前言

随着互联网时代的到来，新媒体应运而生，并迅速在新闻传播领域得到普及运用。这给传统新闻传播工作在提供现代化技术支持的同时，也给其带来了相应的挑战。如何更好地实现传统新闻传播工作向新媒体化发展，成为业内广泛关注的问题。本书介绍了新媒体时代背景下新闻传播的特点和新闻传播的新媒体途径，对新闻传播的新媒体化发展趋势进行了思考。

新闻传播向新媒体化顺利发展，需要有现代化的工作理念作为思想基础。相对于传统新闻传播注重文字的翔实，新媒体更加关注读者对视频、图片等直观媒介的需求，同时也更加迎合读者对快速阅读、大量获取资讯的需要。这就要求新闻传播工作要更新理念，在遵守宣传规定、尊重新闻事实基本原则的基础上，将读者需求摆在重要位置，及时了解并认真研究读者需求的新变化和新趋势，有针对性地创新工作方式，更好地为宣传服务，为读者服务。

新媒体时代下，新闻传播机构间的竞争更加激烈，如何更有效地吸引读者注意力，增加浏览量，是新闻传播机构在竞争中获得生存发展的关键所在。随着社会的发展，我国人民群众的文化水平和认知水平不断提高，他们对新闻质量提出了更高的要求，如果在新闻报道中单纯追求速度，或者以新奇特的内容博取关注，不但越来越不能被读者接受，甚至有些肤浅浮夸的报道，会引起读者的反感，这种做法注定会被市场所淘汰。新闻传播的核心，永远是新闻内在价值质量，真实的、有深度的、有内涵的新闻，才是广大受众欢迎的、认可的。

新媒体以其显著的技术优势，极大地提高了新闻传播的效率和质量，新闻传播向着新媒体化发展是大势所趋，因此一定要及时更新理念，创新方法，主动适应时代发展需求，不断创新新闻传播模式，推动新闻传播向更高水平持续发展。

目 录

第一章 新媒体的起源与发展

第一节 新媒体的演变与发展历程

从社会发展的历史长河来看，人类传播史就是一个人类在生产和交往过程中不断创造和使用新传播媒介的历史，是社会信息系统不断走向发达和完善的历史。根据媒介产生和发展的历史脉络，迄今为止的人类传播活动可以分为以下四个发展阶段：①口语传播阶段；②纸质传播阶段；③电子传播阶段；④数字传播阶段。不过，这个历史进程并不是媒介一次取代的过程，而是一个依次叠加的过程。

一、新媒体产生的动因

新媒体只用了不到十年的时间，受众群就已覆盖传统三大媒体历经百年时间所吸引的受众，发展速度可见一斑。新媒体上市公司数量是传统媒体的2~3倍。同其他新生事物一样，新媒体传播的实践也走到了理论建设的前面。作为新技术革命的产物，新媒体几乎是和信息产业一起发展壮大起来的。尤其是互联网浪潮、数字化浪潮席卷全球之后，新媒体几乎是呈几何级增长。新媒体的产生和发展有其一定的社会历史必然性。从根本上来说，它是媒介市场发育和发展的结果，是技术推动和市场需求良性互动的结果。

（一）信息技术的迅速发展为新媒体提供了必要的技术保障

美国传播学家丹尼斯·麦圭尔认为："真正的'传播革命'所要求的，不只是信息传播方式的改变或者受众注意力在不同媒介间分布上的变迁，其最直接的驱动力，是技术。"回顾人类传播史不难发现，信息技术的发展起着决定的推动作用。信息技术的每一次革命都给人类的政治、经济、文化和社会生活带来了巨大的影响，人类的文明正是在信息技术的推动下不断前进的。信息技术的发展为人类的信息传播提供了更有效的工具和手段，新媒体在弥补传统媒体某些方面不足的同时"为人类打开了通向感知和新型活动领域的大门"，而人与技术的关系也是交互性的，"人在正常使用技术即人体各种延伸的情况下，不断受到技术的修正。反过来，人又不断地寻找新的方法来修改自己的技术",以此增强获取、传递、使用信息的能力。数字技术、计算机网络技术、移动通信技术三大技术系统融合在一起,构成新媒体发展的技术平台,并为新媒体兼容各种新信息技术提供了基础。

1.数字技术

"数字技术指的是运用0和1两位数字编码,通过电子计算机、光缆、通信卫星等设备,来表达、传输和处理所有信息的技术。数字技术一般包括数字编码、数字压缩、数字传输、数字调制与解调等技术。"数字技术是信息社会的基础,也是新媒体的核心技术,现阶段的新媒体无不以数字技术为基础,因此,新媒体也被称为数字新媒体。

首先,数字技术为媒体之间的转化提供了桥梁。数字技术中信息的表现形式是多种多样的,新媒体的一个共同的重要特点就是,信息的最小单元为比特(bit)。比特可以用来表现文字、图像、动画、影视、语音及音乐等信息,使不同媒体之间可以相互融合。文本数据、声音、图像、动画等的融合被称为多媒体。同时多种媒体之间也可以相互转换,信息便于储存。

其次,数字技术使信息的交换成为可能。以往的储存方式往往是单一的模式,如报纸的载体是纸张,电视的载体是电视机等。而新媒体却是以比特的形式通过计算机进行存储、处理和传播的。在传统媒体时代,受众无法实现与信息传播者的实时互动,处于被动接收信息的地位。但依托数字技术的新媒体如微博、微信,受众可以实时与传播者互动,发表个人看法;同时,也承担着双重角色,每个人既是信息的传播者也是接受者,无一例外,数字技术改变了受传者的地位。

最后,数字技术是软件技术、智能技术的基础。目前,新媒体是以软件为基础进行应用的,而电子邮件、即时通信、博客、微博、微信等所有的网络新媒体形态更是以软件为存在基础。没有各类软件的开发,新媒体基本不可能出现。而各类软件的开发是在数字技术的基础上完成的。

2.计算机网络技术

计算机网络技术为多媒体信息传播提供了渠道。"计算机网络技术是通信技术与计算机技术相结合的产物。计算机网络是按照网络协议,通过电缆、双绞线、光纤、微波、载波或通信卫星,将地球上分散的、独立的计算机相互连接的集合。计算机网络具有共享硬件、软件和数据资源的功能,具有对共享数据资源集中处理及管理和维护的能力。"人们可以在办公室、家里或其他任何地方访问、查询网上的任何资源,极大地提高工作效率;也可以上传信息,为信息交互传播提供物质基础。互联网就是全球最大的、开放的,由众多网络相互连接而成的计算机网络。

随着各种基于互联网的软件和信息服务的推出,互联网已成为各类新媒体存在的平台,如电子邮件、博客、微博等,都是互联网推出的新的信息服务方式。

3.移动通信技术

所谓移动通信就是移动体之间的通信,或移动体与固定体之间的通信。移动通信技术不仅使人可通过手机与别人通话,还可通过手机看新闻、玩游戏等。保罗·莱文森在《手机》一文中对手机做了深刻的哲学解读——手机使人首次回到"前技术"时代那种交流的本真状态:人能够边走路边用手机说话,彻底摆脱了其他电子媒介把人囚禁在室内的枷锁。手机把互联网作为自己的内容,成为超越互联网的新媒体。美国麻省理工学院教授尼葛洛庞帝早在10多年前就指出:"计算机不再只和计算机有关,它决定了我们的生存。"毫无疑问,正是科学技术的日新月异,为新媒体的出现提供了物质基础。

（二）受众多元化、个性化的信息需求是新媒体产生的社会基础

纵观人类传播史,大众传播主要经历了四个时代:第一个是依据人类自身本能的口语传播时代,第二个是纸质传播时代(媒介载体为报纸、书籍、杂志等形式),第三个是电子传播时代(媒介载体为广播、电影、电话、电视等形式),第四个是数字传播时代(媒介载体为高清晰电视、电脑、手机、互联网络等)。从技术层面上来说,这四个时代的划分是科学技术发展的四次飞跃。从受众需求的层面上讲,四个时代反映了人们的生存态势对媒介与信息需求的不同程度。根据传播学的传播致效原则,人们对信息的传播是选择性地理解和记忆,不同年龄、性格、阶层、地域、文化的人对信息的需求也是不同的,新媒体的互动性满足了受众互动性及个性化需求,受众的广泛兴趣也促进了新媒体的发展。

传统媒体由于版面、时段、频道的限制,不可能满足所有受众的需要,但是利用新媒体海量性、非线性的特性,受众可以根据自身的兴趣或独到的创意通过数据库编排出属于自己的信息,从而使单一的、个人化的传媒内容消费成为可能。新媒体的出现,使根据个体或某个同质的局部群体的个性化需求(定制产品和服务)的时代已经到来,且正逐步取代整个社会只消费一种型号产品的大众化消费时代。"在后信息时代,大众传播的受众往往只是单独一人,所有商品都可以订购,信息变得极端个人化。"受众的社会需求正是新媒体产生与发展的原动力。

（三）政策法规的支持

开放的市场环境也是新媒体快速发展的重要原因之一。自古以来,历代统治者都将话语权紧紧控制在自己的手中,中国的"文字狱"、西方针对报刊所采取的一系列严刑酷律,都是当权者对媒体严加限制的证明。随着社会的进步,言论愈发自由,媒体作为信息发布的载体,越来越成为人类生活中不可或缺的重要内容;同时,传媒业也成为市场经济的重要组成部分之一,一系列的政策法律放松甚至鼓励媒体的发展也是新媒体能迅速成长的助力之一。

二、新媒体的发展历程

新媒体的发展历程可以简单地以三个阶段来形容,即浏览信息为主的 Web1.0 时代、交互分享的 Web2.0 时代,以及聚合平台的 Web3.0 时代。

第一阶段:浏览信息为主的 Web1.0 时代

这一时期,用户主要通过浏览网站提供的内容,从中获取有用的信息,用户主要是被动地接收信息。数字电视的播送方对内容有绝对的主导权,仅仅是将信息重新组合,利用新媒体的形式提供给消费者。在 Web1.0 时代,信息传播呈现出金字塔形结构,塔尖是信息散播方,下面则是接收信息的广大用户,其主要特点是利用互联网进行信息的大规模发布,信息的交流以单向为主,用户仍是被动地阅读、接收互联网信息;Web1.0 以新浪、搜狐、雅虎等门户网站为代表。

第二阶段:交互式分享的 Web2.0 时代

这一时期,新媒体的交互性开始逐渐显现出来。交互电视开始出现,互联网行业诞生了谷歌和百度这样的公司,主动搜索和寻找成为互联网行为的核心动作。用户可以主动搜索需要的信息,并根据自己的需求选择内容,传播者与受众的交互、分享初步形成。典型代表有各种社区论坛(BBS)、博客等。

Web2.0 时代,基于六度分隔理论,强调的是信息的交互性,互联网用户既是信息的浏览者,也是信息的制造者,不再是被动阅读、接收信息,通过用户与用户之间、用户与网站之间的双向交流,实现了社会化网络的构建,博客是 Web2.0 时代的典型互联网应用。

第三阶段:聚合平台的 Web3.0 时代

Web3.0 时代的互联网应用不仅体现出"自媒体"特点,更体现出一种信息自由整合、业务极度聚合的"自系统"特点。作为 Web3.0 的典型应用,微博、微信几乎可以将与其基本协议一致的所有互联网应用聚合到自身的开放平台上,使得它成为一种新的强大的媒体形式。从微博、微信的发展现状和发展趋势上来看，它将快步超越Web1.0和Web2.0时代的应用，并迅速吞噬和整合这些应用。在Web3.0时代，技术进步、业务聚合成为主流，这种进步和聚合带来的结果将是微博、微信应用横扫一切，成为新时代的最大赢家。

特别是手机媒体的出现，移动互联网平台的发展步伐势不可当，与传统互联网一起成为人们相互交流的重要平台。移动互联网平台以手机为终端，融合了以前报纸、广播、电视与传统互联网的功能，并提供新的社交平台。要详细了解新媒体的发展历程，还必须对网络媒体、移动媒体和社交媒体的发展演变做深入细致的研究。

（一）网络媒体的发展历程

1. 网络媒体的萌芽阶段

网络媒体的发展主要是依赖于互联网技术的萌芽和发展。1987年9月14日，钱天白教授向世界发出了中国第一封电子邮件，邮件的内容是"越过长城，走向世界"，揭开了中国人使用互联网的序幕。1994年4月20日，中国与国际互联网相连的网络信道开通，首次加入国际互联网络的大家庭，中国踏入互联网的阶段。1995年后，互联网开始大众化，主要得益于"中国互联网的布道人物"张树新。1995年5月，她创立了第一家互联网服务提供公司（瀛明威公司），与国际化互联网接轨。瀛明威公司第一次向国人系统灌输国家互联网的理念，中国第一代网民由此诞生。

随着互联网的发展，门户网站的出现推动互联网成为独立的网络媒体。1995年4月，三位华裔学生在美国硅谷创立了华渊资讯公司，并推出"华渊生活资讯网"，面向海外华人提供以生活资讯为主的中文信息服务。1996年4月，由王志东（曾任新浪总裁兼首席执行官）和严援朝（曾任新浪副总裁）在北京中关村共同创办的四通利方信息技术有限公司开通了"利方在线"（SRSNet）中文网站，相继提供论坛、新闻等信息服务，人气高涨。1997年6月，丁磊创办了网易公司，成为当时国内领先的互联网技术公司。1998年12月，四通利方与华渊资讯合并，成立了新浪网。1998年2月，张朝阳创办搜狐，成为当时国内第一家中文搜索引擎，短时间内积聚大量人气。新浪、网易、搜狐这三大门户网站在互联网的萌芽阶段相继诞生，并日趋活跃，成为门户网站的领头羊。

总之，在1994—1998年的萌芽阶段，互联网在信息传播领域的影响不断增强，中国的网络媒体逐渐成形。以新浪为代表的商业网站新媒体开始探寻适合自身的定位，而以报刊为代表的传统媒体踏上与网络合作的征程。在这一阶段，网络媒体和传统媒体是两条平行的直线，互不干扰，交叉发展较少。同时，不可忽略的现象是互联网进入百姓生活,网民群体出现。但因技术阻碍,当时网民需求简单,只是单纯获得信息。

2.网络媒体成长阶段

(1)商业网站大发展。在这一阶段,国内门户网站获得飞速发展,新浪、搜狐和网易这三大网站逐渐发展成为国内门户网站的中坚力量。网易首先全面改版,朝着中文网络门户目标前进。1999年3月,搜狐从中国首家大型分类查询搜索引擎,发展成为综合性的门户网站。1999年4月,新浪网改版完成,核心主打新闻,向传统媒体提出挑战。

如果说1988年是门户网站的元年,那么2000年则是门户网站的上市年。2000年4月13日,新浪网首次宣布在纳斯达克正式挂牌交易,成为第一只登上纳斯达克的真正来自中国内地的网络股。随后,三大门户网站相继上市,这成为中国商业网站发展史上的里程碑。然而必须承认的是,中国门户网站的发展处于模仿阶段,主要借鉴美国雅虎(Yahoo!)网站"风险投资+网络广告"的发展模式,通过大量的广告宣传以及提供免费产品和服务即"烧钱"来追求流量、争夺眼球。

(2)传统媒体网络化发展。传统新闻媒体网络化的初始阶段可追溯到20世纪90年代。中国对传统媒体首个网络化涉水的媒体是一家地方性报纸《杭州日报》。1993年12月,《杭州日报·下午版》通过该市的联合服务网络——展望咨询网络进行传输,拉开了中国报纸电子化的序幕。由于中国尚未与国际互联网接轨,影响范围小。新闻媒体网络化风气是由教育部(当时的国家教委)主办的《神州学人》杂志开启的。1995年1月12日,该杂志通过互联网发行了《神州学人周刊》电子版,成为传统媒体网络化的"吃螃蟹"者。1995年12月,《中国日报》网站开通,成为国内全国性报纸办网站的先行者。另外,中国传统的广电媒体也积极进行尝试和探索。1996年10月,广东人民广播电台建立网站;1996年12月,中央电视台建立网站,开中国广电电视媒体向网络传播领域发展之先河。虽然发展程度低、质量不高,基本上是传统媒体的复制,但标志着中国传统媒体进军网络化传播领域。

经过萌芽期的发展,全国已有一部分报纸办起了自己的网络版。经过一段时间的发展,中国传统媒体掀起全面网络化浪潮。依据自我发展特点,探索自我发展规律。这主要有以下两种模式。

一是"改革面貌单打独斗",新闻网站更换网站名称。1999年,传统媒体的网站出现了更名浪潮,各类网站不再称"某某网络版"或"电子版",而是冠以"某某网"或"某某在线"的名称,如《中国计算机》网站更名为"赛迪网",《广州日报》网站改名为

"广州日报大洋网"，《深圳商报》网站更名为"深圳新闻网"。2000年4月，《人民日报》网络版改版并改名为"人民网"。实际上，新媒体网站的自我更名意味着定位的变化，即从最初的传统媒体电子版向独立的新闻网站或以新闻为主的综合性网站的转型。这种重新定位在一定程度上表明了传统媒体向网络新媒体发展的决心，同时也反映了新传播环境对传统媒体提出的新挑战，传统媒体要抛弃之前的旧思想，借鉴和探索适合自身的发展模式和经营思路。

二是"相互抱团，团队作战"，走向联合发展道路。第一个践行者是四川新闻网。1999年1月，四川新闻网成立，是四川省五大媒体之一，它集全省106家报纸、期刊、广播、电视等媒体于一身。2000年，由天津日报社、今晚报社、天津人民广播电台、天津电视台等多家新闻单位共同组建的北方网在天津开通，成为以新闻为主的大型综合性门户网站，反映了传统媒体对网络新闻业务的重视以及对网络媒体的重视。在地方媒体转向以新闻为主的网络媒体过程中，千龙模式和东方模式是成功的两种发展模式。千龙模式是指由千龙新闻网建立的网站联合模式。2000年5月8日，千龙网正式开通成立，它是由北京市委宣传部牵头，北京市属新闻媒体如《北京日报》《北京晚报》、北京人民广播电台、北京电视台等九家单位参与成立的地方性新闻网站，网站的运行资金由一家民营企业提供，因此千龙模式的最大特点在于其兼具政府背景和现代企业制度。在新闻业务方面，千龙新闻网把九家强势媒体的新闻资源进行整合发布，新闻信息极大丰富，表现手段多样。上海东方网紧随千龙新闻网，在2000年5月28日正式开通。它是由上海14家主流媒体，包括《解放日报》《文汇报》、东方电视台、上海电台等，集中资源优势共同投资组建的大型综合性网站，东方网与这14家新闻媒体达成了信息资源共享的协议：14家新闻单位将在清样付印、即时新闻传播发布之前，第一时间向东方网传送信息，经编辑后在东方网上及时刊发。在运营上，东方网采取商业化的运作模式，与没有政府与传统媒体背景的商业网站相比，其具有得天独厚的政策优势和发展空间。

3. 遭遇挫折：网络媒体规范转轨

从2000年下半年至2002年上半年，受国际互联网经济泡沫的影响，中国国内网络媒体飞速发展态势遭遇冰点。部分网络媒体因经济困境倒闭，幸免于难的网络媒体在艰难的路途中探索生存和发展的模式。但总地来说，网络媒体在困难的打击下仍平稳运行，网络媒体进入调整时期，不断提升核心竞争力。

（1）商业网站遭遇冬天。2000年，国内几大门户网站刚上市，就不幸遭遇全球互联网经济的泡沫和纳斯达克市场惊心动魄的动荡，对整个互联网产业的影响无疑是灾难性的。中国的商业网站是个初生儿，也连带接受经济动荡的洗礼。搜狐的股票在2001年4月曾跌至60美分，新浪的股票在2001年10月曾达到1.06美元的低值，网易在2001年9月曾一度被摘牌。国内许多商业网站也没有熬过这个坎，相继倒闭。火爆一时的263首都在线、FM365等商业网站开始另谋它途，仅新浪、搜狐、网易依托自我强大的资金支持在抵抗网络泡沫的考验，国内商业网站由此进入一个调整与重新探索的时期。

在巨大的生存压力下，汹涌发展的国内网站开始审视自我的发展模式和经营方式，放慢发展的速度，改变单一的网络广告发展模式，探索新的盈利途径。比如开始尝试收费邮箱、电子商务、手机短信等收费服务，进行以盈利为目标的艰难转型。截至2002年第二季度，新浪网等商业网站逐渐找到了适合自己的发展模式。2002年4月，新浪开始同时面向个人用户、企业用户服务，并发展出新浪网（sina.com）、新浪企业服务（sina.net）、新浪热线（SINAOnline）三个独立事业体；搜狐的业务从传统的网络门户扩展到面向个人和企业的收费服务；网易则向提供个人收费服务的方向转型。

（2）媒体网站调适改版。在这一阶段，媒体网站开始进行以自我调适为目标的改版，以寻求新的发展空间，人民网、新华网、央视国际等重点新闻网站相继调整定位，升级改版。2001年1月，人民网推出新版，改版后的人民网包括时政、国际、观点、经济、科教等13个新闻频道。2001年，央视国际也进行了重新定位与调整，利用中央电视台这一特色平台，央视国际加大了服务与整合力度，开创了一批围绕央视的特色栏目，获得了飞速发展。除此之外，地方媒体网站的出现与整合仍然是这一阶段的主题之一，红网、东北网、中国西部网、南方网等相继开通，扩大了主流媒体网站的阵容。而电子政务的迅猛发展也成为这一时期的显著特征，推进了政府职能的转变。

4. 全面发展：网络媒体百花齐放

（1）新闻网站成为网络新闻影响力的主导者。2005年以后，中国网络媒体日趋成熟，进入全面发展的新阶段。新华网、人民网等几大中央重点新闻网站自2001年以来访问量以平均每月12%的速度上升，多家重点网站还进入全球网站百强的行列，每天有数千万人次的访问量。此外，因具有其他商业网站所不具备的采访权和发布权，这些中央重点新闻网站还成为新浪、搜狐、网易等网站新闻的主要来源。尤其是在重大事件的报道上，重点新闻网站仍然占据着主导地位，权威性较高、公信力也较强。他们经授权对重大事件进行报道，并通过商业网站过亿的点击率进行二次传播，从而引导着网络舆论的发展。除中央重点新闻网站外，地方网站也有着不俗的表现。截至 2005 年,千龙网、东方网、红网等网站过去三年的访问量平均增长了 9 倍,并形成了各具特色的品牌栏目。总之,经过 10 多年的发展,新闻网站的影响力和公信力日益壮大,以新华网和人民网为代表的中央重点新闻网站已经成为中国网络新闻影响力的重要主导者。

（2）商业网站积聚大量人气。如果说重点新闻网站是网络公信力的主导者,那么商业网站便是网络点击率的引领者。由于商业网站市场化因素的加大,广告商成为商业网站的"衣食父母",吸引广告商的主要指标是商业网站的点击率和地位。因此商业网站致力于满足受众的需求,吸引受众的注意力。提高网站的浏览量和影响力是商业网站的主要目标。2005 年以后,商业网站的类型多样,如雨后春笋破土而出,商业网站受众定位明确,服务更加专业。例如 51job 类的垂直网站,以其服务的专业化和深度性吸引具有定向需求的受众,以百度为代表的搜索引擎网站以其搜索信息的方便性和实用性留住大量受众,以天涯论坛为代表的具有互动性和话题性的网站聚合了一部分有着相同兴趣爱好的受众群。同时三大综合性门户网站在自媒体时代开启微博、博客等服务,增加互动性,吸收其他网站的优势,加深自我的发展。

（3）网站代表性栏目（频道）出现。2005 年起,由国务院新闻办公室互联网研究中心和互联网新闻信息服务工作委员会共同发起的"中国互联网品牌栏目（频道）推荐活动",是加强网络媒体品牌建设的重要举动,中国网络媒体中一些知名的品牌栏目和频道逐渐形成。在入选的品牌栏目和频道中,涵盖了中央重点新闻网、地方新闻网和商业网站等各种类型的网站,涉及新闻、评论、财经、体育、娱乐、社区、新媒体等多种类别的栏目（频道）,人气颇高。如国际在线的"网络电台"、中华网的"汽车"频道、千龙网"奥运"频道、红网的"红辣椒评论"等四个栏目（频道）连续三年都榜上有名,人民网的"强国论坛"、新华网的"新闻中心"、光明网的"理论"频道、四川新闻网的"麻辣社区"也两度出现在推荐的名单里。网络媒体证明着自我的实力,积聚了大量的人气,网民数量大幅度增加,网站的权威性和公信力得到一定的确认和提升。

（二）移动媒体的发展历程

移动媒体是所有具有移动便携特性的新兴媒体的总称,包括手机媒体、平板电脑、掌上电脑、PSP、移动视听设备（如 MP3、MP4、MP5）等。但不可否认的是,随着信息技术、数字技术等的发展,媒介的形式将得到极大丰富。由于手机媒体的发展程度高、普及率高,具有较大的代表性。本书主要对手机媒体做简要的概述。

1. 手机的问世

（1）第一代通信网络的形成。手机也称移动电话,是现在人们日常生活中必不可少的存在,它是在无线通信技术和通信网络的基础上诞生的。20世纪60年代,随着晶体管的问世,出现了一种专用的无线通话设备,被运用于消防、警察等行业,但这种设备仅能在少数特殊行业中使用,并且便携性差,不利于在大众商业市场推广。

20世纪70年代,手机通信网络逐渐形成。其中,模拟蜂窝网络是第一个出现的通信网络,这种网络的规划灵感来自蜂窝的奇妙设计:构建一个蜂窝结构的网络,在相邻的区域使用不同的频率,在相距较远的小区就采用相同的频率,这样就可以巧妙地避免冲突,又可以节约频率资源,解决了公用移动通信系统要求容量大于频率资源的矛盾。模拟蜂窝网络为手机的出现奠定了技术基础。

1979年,美国贝尔实验室成功研制了移动电话系统——AMPS,并开始在芝加哥运行,这是世界上第一个蜂窝模拟移动通信系统。同年,日本开放了世界上第一个蜂窝移动电话网。

进入20世纪80年代后,模拟蜂窝移动通信技术走向成熟并在全世界广泛应用。20世纪90年代初,模拟蜂窝网络移动通信网占全世界移动通信网络的大多数,并使移动电话业务得到快速普及。1991年,欧洲模拟蜂窝移动电话用户已经达到500万人。模拟蜂窝移动通信的发明和应用,拉开了手机发展的序幕,也将人类通信带入了崭新的移动时代,因而被称为第一代通信网络。

(2)手机的诞生。手机的主要功能是通信,方便远距离的人际传播。1973年4月3日,一名男子站在纽约街头,拿出一个约有两块砖头大的无线电话开始通话。这个人是手机的发明者——美国摩托罗拉公司的马丁·库帕,他的第一个移动电话打给了他在贝尔实验室工作的一位对手,告知对方自己率先发明了手机,世界上第一个手机自此诞生。它的重量超过了1000克,长度、宽度和厚度分别为10英寸(1英寸=2.54厘米)、1.5英寸和3英寸,由于它是在蜂窝移动网络的基础上运行的,因此在当时又被称作蜂窝式移动电话。

早期的手机只具备语音通话功能,直到20世纪90年代末,欧洲老牌移动运营商Vodafone又开发了SMS短消息业务。随后,短信业务在全球范围内飞速发展并形成规模庞大的产业。短信也作为移动增值业务的先驱,带动了彩信、彩铃、手机游戏、手机广播、手机电视等后续增值业务的发展。随着手机的普及应用和手机业务的日益丰富,手机已经不仅仅是单纯的个人通信工具,而是演变成了一种新兴的大众媒体,并跻身于当今媒体的领跑者之列。

2.手机的发展——由通信工具向大众媒体的转化。手机媒体是以手机为视听终端、手机上网为平台的个性化信息传播载体,它是以分众为传播目标,以定向为传播效果，以互动为传播应用的大众传播媒介，被公认为继报刊、广播、电视、互联网之后的"第五媒体"。手机媒体不仅是借助手机进行信息传播的工具，而且是网络媒体的延伸。人们不仅可以通过手机通话，还可以上网阅读新闻、接收邮件、游戏娱乐、订购商品与服务等。可以说，手机已经成为迷你型电脑。手机媒体除了具有网络传播的各种优势外，还因其载体携带方便，从而能随时随地使用。

（三）社交媒体的发展历程

社交媒体（Social Media）指互联网上基于用户关系的内容生产与交换平台，"Social Media"中文翻译为"社会化媒体"。"由于社会化媒体没有精确、权威的概念，对于"Social Media"的中文释义也不同，国内学者有'社交媒体''社会化媒体''社会性媒体''社交网络媒体'、'大众媒体'等不同的叫法，部分研究中将社会化媒体与 Web2.0、新媒体、社交网络等概念混淆。"其中以社交媒体适用范围最为广泛。社交媒体是大众互相分享、互动、交流意见和看法的平台和工具，现阶段主要包括微博、微信、博客、论坛、播客、社交网站、E-mail、即时工具、团购等。本书以微博、微信作为社交媒体的典型范例展开论述。

1. 微博

新浪借鉴美国 Facebook、Twitter 等社交媒体的成功经验和模式，于 2009 年 8 月 14 日开始内测微博，9 月 25 日正式添加 @、私信、评论、转发等功能，只需编辑少于 140 字短消息即可广泛传播，为大众互动交流提供平台。2009 年 11 月 3 日，Sina App Engine Alpha 版上线，可通过 API 用第三方软件或插件发布信息，正式拉开中国微博市场的帷幕，引领中国社交媒体的演变。2014 年 4 月 17 日，新浪微博正式上市，成为世界上第一个上市的中文社交媒体。2015 年 1 月 20 日，微博开放 140 字的发布限制，少于 2000 字都可以，1 月 28 日对微博会员开放试用权限，2 月 28 日将正式对微博全量用户开放。

随着微博功能的不断完善和微博营销的推广和优化，微博用户在微博平台上的行为不断丰富，转发、评论、点赞、收藏等行为极大地丰富了用户的互动体验。长微博的完善、打赏功能的开发以及视频微博的推广，也进一步使微博用户之间的交互更加多元化，微博的影响力和活跃度得到极大提升。2015 年新浪微博发布的第三季度财报中显示，截至 2015 年 9 月 30 日，微博月活跃用户数（MAU）已经达到 2.12 亿人，较上年同期增长 48%，日活跃用户达到 1 亿人，较去年同期增长 30%，微博用户群逐渐稳定并保持持续增长。

迅猛发展的微博已成为人们日常生活不可分割的重要组成部分。微博凭借其传播速度快、及时性、开放性等特性，成为重要的新闻发布地，为"公民新闻"提供了必要的平台和工具。同时，极强的互动性为企业营销提供了巨大便利。企业利用微博发布最新消息，与消费者沟通互动，培养消费者的忠诚度，传达精准信息，增强营销效果。微博营销影响显著，已成为社交媒体营销的重要组成部分。明星、社会精英、企业翘楚等公众人物入驻微博，积聚大量人气，粉丝可直接与明星互动交流，拉近了普通民众与社会精英群体距离。

2. 微信

2011 年 1 月 21 日，腾讯公司推出为智能终端提供即时通信服务的免费应用程序——微信（WeChat）。它是一款集文字、音频、视频、图片、表情、转账、定位等多种媒介为一体的手机即时通信工具。一经推出，成功俘获大量受众的喜爱。截至 2015 年 4 月底，微信月活跃用户量达到 6.5 亿，同比再涨 39%。自从 2014 年年底突破 5 亿人以来，微信正在以每个季度新增 5000 万用户的节奏稳步增长，发展势头迅猛。

随着智能手机和无线网络应用范围的扩大，微信极大程度地改变着人们的生活方式。微信作为一种"多模态"媒介，传播信息的方式更加便捷和迅速。"微信打造的是一个'全民社交圈'，其传播方式是点对点传播和点对面传播的有效结合，这无形中整合了具备地域特点的群体传播功能。它具有广泛的 LBS 涵盖面，不仅包含通讯录好友、QQ 好友，还包括附近陌生人，使得人际交往从个人所熟悉的强联系人群扩展到原本遥远陌生的弱联系人群。"微信加强了人与人之间的联系与沟通，降低了沟通成本和门槛，成就了微信朋友圈的繁荣。

微信不仅是即时通信工具，而且已成为企业营销的重要手段和平台。微信号与手机号直接绑定，每一个微信号背后都是真实有效的用户，用户黏性极高，用户数量丰富。企业通过注册微信平台公众号和朋友圈大量传播和转发信息，及时、有效、精准传递给目标消费者，借助微信支付功能进行线上销售，实现企业营销线上与线下相结合；同时，企业能直接利用微信完善的语音功能与消费者对话，使交流更加真实顺畅。从网络媒体、移动媒体、社交媒体的发展历程可以看出，新媒体的发展是一种不可抵挡的趋势和潮流，它将带领我们迈入真正的"地球村"，进入共享开放资源、信息自由流通的时代，同时向人类在信息传播时代全新的生存和发展生态提出了挑战。

第二节 新媒体的发展趋势

从全球的媒体发展来看，印刷媒体的黄金时代已经结束，以互联网、户外新媒体和数字电视等为代表的新媒体将迎来发展的最佳机遇。通过深入分析新媒体发展，我们将从媒介融合、平台开放化、产业变革三个方面论述新媒体的发展趋势。

一、媒介融合

传统媒体与互联网将会加速融合，报纸开设网络版，以及报纸杂志与网站合作开设线上发行平台，广播的网络化和电视的网络化都会得到进一步发展，传统互联网和移动互联网也将进一步融合，媒介应用更加便捷。

从业务的角度来讲，三网融合是指不同的网络平台倾向于承载实质相似的业务；从终端的角度来讲，是指消费者通信装置的趋同；从传输的角度来讲，是指三种网络的互联互通。狭义的三网融合是指电信网、广电网与计算机网技术、业务和网络的融合和趋同，广义的三网融合是指电信、广电与信息技术三者产业的融合。新媒体业务的运营一般存在以下三种模式：电信运营商单独运营、广电运营商单独运营和两者合作运营。在三网融合的趋势下，广电与电信唯有从竞争走向合作，才能实现由互斗走向共赢。为了更好发挥每一方的优势，广电和电信都需要以开放和合作的心态投入产业的发展过程中，投入政策的制定过程中，投入频谱的规划过程中，既不片面强调某一方的主导作用，也不片面强调短时间的利益分成，而是要着眼市场的快速启动和产业的长远发展，这样才能够将新媒体的发展推向新高度。

"媒介融合"这一概念最早由美国马萨诸塞州理工大学的浦尔教授提出，其本意是指各类媒介呈现出多功能一体化的趋势。但此后互联网逐渐与报刊、广播、电视等传统大众媒介融合，网络技术的推动又使媒介融合得以革新，形成了网络报纸、电子杂志、网络广播、播客、网络电视等新的信息传播渠道，并最终使得媒介融合成为构架媒介化社会的核心力量之一。在当今的媒介融合趋势之下，传统媒体在充分利用自身既有的信息平台和资源优势的前提下，介入、整合新兴网络媒体是其必然选择。

二、平台开放

我们很难在短时间内改变技术落后的现状，但可以在内容平台建设方面寻求一条中国特色的发展之路。不同的新媒体对内容的需求是不同的：数字电视需要丰富而专业化的节目,高清电视需要视听效果非凡的节目,手机电视需要短小精悍的节目,IPTV 需要互动性强的节目,移动电视需要广而告之的节目等。针对不同媒体的不同特点,内容建设大有可为,新媒体除了可以提供音频节目外,还可以提供大量的信息服务,以此来更好地满足受众多层次、多方位、多样化、个性化、个人化、专业化的需求。新媒体的发展,也为广电固有的节目资源提供了新的传播平台,从这个意义上来说,传统媒体的主导地位不仅没有被削弱,还以数字化的形式得到了进一步的加强和提升。当数字化整体转换完成后,数字电视将会理所当然地继承原来模拟电视的地位,成为规模最大的新媒体。唯有大力推进广电节目内容的建设,才能够在数字化时代继续占领阵地、扼守主渠道。

三、产业变革

人类社会迈入信息化时代,越来越多的通信运营商、设备制造商、服务提供商等产业链各环节都开始摩拳擦掌,竞逐商业新媒体通信市场。特别是在三网融合、企业转型等新形势的推动下,主攻新媒体商业型市场已经成为业界的共识。新媒体移动化、高清化、多样化的发展趋势逐渐显现,给媒体产业带来颠覆性变革,代表着媒体产业的发展趋势和方向。新媒体市场的残酷争夺已不可避免。

(一)移动化

随着智能手机以及平板电脑的流行,移动办公需求进一步扩大,移动新媒体成为未来市场的发展趋势。人们走出家门后,一天中处于移动状态下的时间很多,24 小时之内,除了睡觉,固定在一个地方的时间是非常少的。只有抓住用户消费趋势变化的特点,才可能给用户提供其需要的个性化产品。智能终端的快速普及使得人们对移动办公的需求日益增加,目前,智能手机和平板电脑已经成为人们日常生活中不可或缺的一部分。

(二)高清化

高清化对于新媒体通信市场的发展来说是大势所趋,几乎所有的主流视频通信提供商都将自己的产品研发向高清化方向进军。高清产生的愉快体验使用户一旦接触便欲罢不能,用户的高清需求也因此呈爆炸式的增长。首先,宽带用户的快速发展解决了高清信息流传输上的障碍。其次,高清需求推动了终端设备的快速发展,打破了高清信息流播放的瓶颈。最后,内容提供商也以用户需求为导向,高清影视内容不断推陈出新。综上所述,高清已是广大用户的现实性需求,而不断膨胀的高清需求也必将推动高清行业快速发展。

（三）多样化

新媒体产业发展的多样化趋势，主要体现在方案多样化和应用多样化。多样化的解决方案和应用，能够为交通、能源、公安、军队、林业、医疗等领域提供优质服务。解决方案多样化体现在两个方面，一是基于硬件的解决方案，二是基于软件的方案。目前，约有90%的视频通信市场解决方案采用了基于硬件的视频通信解决方案，由于该方案成本较高，许多用户望而却步，而基于软件的视频通信解决方案有较大的发展空间。应用多样化体现在：视频会议是视频通信应用的一个方面，其他的主流应用还包括视频监控、视频调度、3G视频电话等。

（四）互动性

新媒体产业发展的互动性趋势是针对用户群体的爱好采取的必然的技术策略。用户需求的个性化体现在很多方面。如看世界杯比赛，出现的用户行为是打开电视，把声音关掉，再打开微博解说，不仅自己看，还可以和网络上的网友进行互动交流，交换看法。社交化、互动化是新媒体产业未来发展的趋势。正因为有了互联网这一媒介，才有了这样的可能。

第三节　新媒体产生的影响

20世纪70年代末美国学者约书亚·梅罗维茨曾结合社会学家埃尔温·戈夫曼的场景理论，用场景把媒介和社会行为结合在一起，并着力用传播情景解释传播行为与传播方式对社会的影响。他指出，媒体对人类个体和社会所产生的效果和影响都是通过媒体培育的传播情境间接引发的。梅罗维茨认为新媒体的出现会促成情境形式的变化。一方面，新媒体的广泛运用促成一系列旧有情境界限的打破，致使一些旧有的不同情境合并，进而形成新的传播情境。另一方面，新媒体使不同情境之间的一些旧有的连接机会消失，导致新的分离。梅罗维茨所指的新媒体是电子媒介。今天，以数字媒体为代表的新媒体同样改变了原有的传播情境，并给社会各层次带来了深远的影响。

新媒体对社会的影响体现在社会的方方面面，在打破旧有情境限制的同时，从经济基础到上层建筑无不呈现出电子数字时代新媒体的影响力。然而，任何一种事物的出现对社会的影响都存在双重性，新媒体也不例外。

一、生活方式的改变

大众传媒与人们的生活息息相关,人们的生活内容是媒体关注的对象。诸如,生活中发生的各类突发事件、新鲜有趣的事件、奇闻逸事等,这些内容往往都是媒体关注的对象。尤其对于新媒体来说,它在传播时效性和趣味性的驱动下,更注重生活层面的表达。新媒体在传播日常生活中的各类信息时,也在改变人们的生活习惯,加快社会调整的步伐。

(一)新媒体与教育

新媒体的出现促进了各种媒介资源之间的整合,并开始与教育融合。各种教育知识、教学理念等借助新媒体传播形式使人们的学习生活更加丰富,教育信息得到进一步的整合,教学的数字化、网络化优势特征得到进一步突出。但同时,我们必须清醒地认识到,新媒体发展给教育带来的是机遇与挑战并存的局面。

新媒体得天独厚的技术优势加速了教育传播速度,提高了信息共享的程度。各种远程教育的实施打破了以往面对面授课的地域限制,使人们可以最大限度地共享教育资源。同时,通过电子邮件、各种社交工具与名人交流,满足不同人的求知欲。新媒体教育资源的普及:一方面是对教育能力的一种拓展使人们自身的技能得到提升,使用网络技术的能力得到提高;另一方面,人们对网络的熟练使用使学习门槛及内容限制都大大降低,可以更好地依托新媒体技术或其他移动信息终端实现随时随地学习。新媒体语境下的教育,在打破传统教育模式的同时,也改变了受众的学习方式。创造性学习被提上日程,学习者要用创新性思维与网络接轨,混合式教育日益受到欢迎,如计算机辅助学习、幻灯片放映展示、使用各种音频视频的学习方式可以获得良好的学习效果。在新媒体技术的影响下,教育资源呈现最优化的趋势。

但是我们不仅要认识到新媒体对教育发展的促进作用,还应注意数字化教育带给现代化教育的挑战。早在20世纪70年代,美国学者蒂奇诺等人在一系列实证的基础上,就提出了"知沟"假说。"由于社会地位高者通常能比社会地位低者更容易、更快地获取信息,因此,大众媒介传送的信息越多,这两者之间的知识鸿沟就越呈现出扩大之势。"当然,"信息沟"以及后期的"数字鸿沟"在向我们阐释媒体传播资源丰富的同时,由于传播技能、知识存储量、社交范围、信息选择等差异所带来的信息不对等、信息资源占有不均衡问题,进一步拉大了人们之间信息流的不对称性。当今,新媒体发展环境下,一些偏远的地区由于生产落后、教育资源贫瘠、新媒体技术滞后等,与现代新媒体教育资源严重脱节,而一些发达地区则最大限度地利用新媒体资源弥补教育的不足。如此将拉大贫瘠地区受教育者与现代化教育间的差距,进一步影响他们的后期教育乃至整个生活。此外,我们还要看到,网络语言的滥用或不规范词语的使用。例如,网络语言"TMD"原为"弹道导弹防御系统"的英语简称,但它与中国骂人语言"他妈的"开头字母相同,因此一时间在网络上流行开来,对原意的颠覆导致很少有人知道其原本意义。还有一些明显的语言错误不但不被禁止,还被当作一种时髦,使越来越多的人参与进来,这必然导致民族语言异化加速。例如,一些网络词汇"肿么""酱纸""神马"等不规范语言的大量运用,最初可能是出于年轻人的标新立异,但一旦被扩大化,将使知识和语言变得浮躁与浅薄。

（二）新媒体与伦理

网络模拟着现实的一切,构建了大量的虚拟组织与虚拟群体。各种被现实约束的欲望与信息出现在各种新媒体终端上,大量的不良信息对社会的整体道德伦理有着极大影响。"黄、赌、毒"负面信息的长期传播将成为大众伦理道德的一大隐患。

1."人肉搜索"

新媒体的发展随着众多的是是非非一路走来,"人肉搜索"自出现以来一直备受争议。早在"华南虎事件""天价烟""名牌表"时,人肉搜索就使得众多的贪官与不法分子下马。"人肉搜索"在舆论监督、维护社会治安与公共利益方面曾发挥了极大的作用,并一时间被众人叫好。

所谓"人肉搜索",就是在一个网络社区里提出一个问题,由诸多网友人工参与解答并获得结果的搜索机制。其最大特色在于搜索的对象是人,即尽可能地将某人的个人信息全部搜罗出来,公布在互联网上。例如刚过去的 2015 年高考,河南、河北等 5 省的语文试卷作文题是《举报违规父亲的一封信》,主要是一个女孩劝自己的父亲在高速公路上不要接听电话未果,在微博上向交警举报的事件。这本是一件善举,女儿为自己父亲的生命安全着想,父亲最终也深刻认识到了自己的错误。但高考后两天,"举报父亲"的女主角却遭到网友人肉,疑似女主角的微博"爱心菇凉"短短几天收到 6 万多条评论,其中多数是指责、调侃甚至谩骂。但微博网友"爱心菇凉"根本不是当事女孩。这件事给这个女孩的生活和学习带来了压力,也给她的家庭带来了困扰,甚至有的网友调侃她"求中考作文题",给她造成了极大的心理负担。"人肉搜索"为普通公民带来一系列的"娱乐狂欢",公民享受于其中,并积极参与制造话题,但多半是出于娱乐心态,缺乏理性的评论。

我们要正确使用新媒体技术衍生的一切媒介功能。媒介的发展为社会的优化提供信息支持,但拥有媒介权力的社会成员应该正确使用个人权力,珍惜个人的媒介舆论力量,切勿让个人的权力成为社会伦理混乱的助推剂。

2. 网络匿名性与信息失真

新媒体具有所有 Web2.0 网络的一个通病,即用户的匿名性、草根化与发布信息的"零成本"所带来的虚假信息与垃圾信息。这对于新媒体的传播价值、社会道德与发展是不利的。

伴随着新媒体发展,大量的网络垃圾不断产生,垃圾邮件、虚假信息、失实信息、诈骗信息等成为新媒体用户的困扰。统计显示,中国网民每年接收的电子邮件约500 亿封,其中垃圾邮件 300 亿封,占 60%。垃圾邮件不仅损害了用户的利益,造成了一定的经济损失,还严重影响了社会风化与伦理道德。马克思认为,人是社会关系的总和,在现实社会中这种关系的建立不仅需要很长的时间,还要受各种各样社会条件的制约与影响。但是一旦建立起来,就具有相当的稳定性和延续性。而网络交流的匿名性与网络"社会"的虚拟性,让人戴着各种面具生活。比起现实生活,人们更容易在网上建立起各种"速成"关系。而急于组建这种速成关系的群体,往往是在现实生活中难以找到归属感、安全感的群体。一些人在现实社会中存在"被孤立恐惧症",而将希望寄托于网络。在一个相对自由的环境中宣泄对现实的不满,忘记自己在现实生活中的基本责任与道德感,导致一些不利于社会发展的语言暴力、谣言出现在网络上,同时也致使大量的信息失真和泛滥,形成各种信息噪声,让人真伪难辨。

3. 网络知识产权

"1 人原创,99 人抄袭",成为时下流行的微信公共平台的趋势。"互联网 +"的推出,使网络知识产权成为热门话题。4 月 20 日,由国家知识产权局、中央宣传部与多部门联合主办的 2015 年全国知识产权宣传周活动启动,引发了社会的广泛讨论。如今,新媒体的发展使其与社会伦理息息相关,各种便捷的传播方式与网络提供的信息导致网络知识产权问题频发。互联网环境下,网站转载各种文章、杂志等内容,并没有经过作者授权,而公然把原有信息放在网站上"招摇撞骗",以此来赚取受众点击率,进而增强网站的影响力与知名度。

随着近年来博客、微博的发展,网络知识产权的侵权"与时俱进",很多博主的文章、图片在未经授权且未支付任何费用的情况下而被转载使用的现象比比皆是。网络一时成为免费午餐,任何饥渴或者挨饿的人都可以在这里酒足饭饱,无须支付餐费而大腹便便。针对这种现象,网络知识产权的相关法律法规应当得到逐步完善,还需要用"红旗原则""避风港原则"等对网络知识产权进行一定程度的限制。在法律尚未触及的死角，需要的是道德的作用，新媒体语境下，我们要重视道德底线问题，建立一个科技与道德伦理并行不悖的现代化社会。

（三）新媒体与文化

文化传播是人类社会发展进程中的重要产物。新媒体传播是当代文化传播的主要形态，新媒体传播方式具有极强的交互性、渗透力与影响力，它通过各种影像深刻地影响着人们的生活方式、消费方式、行为方式和情感方式。以下内容主要论述了新媒体对消费文化与大众文化产生的影响。

1. 新媒体对消费文化的塑造及影响

人类已经进入消费社会，消费成了一个无处不在的神话，生产逻辑与消费意识形态已经渗透到大众生活的每一个角落，表现为个体、享乐、欲望、快感、丰盛等元素。新媒体与消费文化合作与共盟，提供了前所未有的令人眼花缭乱的商品与服务世界，似乎大众只有通过对物和商品的征服才能获得拯救。新媒体技术在满足受众消费需求的同时反过来又刺激消费领域。新媒体便捷的多媒体终端或移动终端使消费文化符号刺激现实世界。人们往往在物质生活得到进一步满足后开始追求精神享受，而新媒体塑造的虚拟世界恰好满足了这种精神虚荣，它使出浑身解数，竭力讨好和刺激大众的"虚假需求"和"炫耀性"消费。

事实上，人类的大多需求是不断被新媒体所刺激和诱导所致。消费文化改变了过去人对物的使用关系。人们越来越看重商品的象征意义和价值，而不是它的实际使用价值，消费者日益通过广告和购买来获得自我认同。与此同时，网络虚拟消费风靡一时，新媒体通过无处不在的广告极尽所能地去诱导购物网中的消费冲动，诱导人们进行最大限度的投资。越来越多的人选择网络购物，如淘宝网、京东网、卓越网等。人们可以拿起智能手机或平板电脑，随时查看流行服装、食品和高档奢侈品等。可见，当代人们视消费为灵丹妙药，对消费的美好信仰成了人们生活中的重要组成部分。但是，正如鲍德里亚所言："消费社会的主要代价就是它所引起的普遍的不安感。"比如，消费社会带给消费者的诸多焦虑，如通货膨胀、信用卡透支、购买的商品贬值、惊人的消费、消费的虚拟性等。对于媒体广告，鲍德里亚也有自己独到的见解："广告耗费巨资实现了这一奇迹，其唯一的目的不是增加而是去除商品的实用价值，去除它的时间价值，使它屈从于时尚价值并加速更新。"我们生活在被消费恶魔控制、摆布的世界里，从一种商品到另一种商品，从一种广告到另一种广告，我们变得麻木和迟钝，不再有理想、诗意、梦幻的感觉。可以说，消费文化是一种符号文化，一种复制文化，也是一种赝品文化。

2. 新媒体对大众文化的内容与形式的建构作用

新媒体层出不穷，促使大众文化从广度、宽度和深度上都得到延伸。新媒体扩展了人类生命存在的时空形态，为大众开拓了一块深具诱惑力的虚拟世界及拟像文化，创造出大众获得信息、娱乐和交往的新形式，催生了更多元化、多样化的大众文化形态，促成了新媒体文化的生成、互动、交流、整合与增值。

新媒体对大众文化的内容和形式具有建构作用。

（1）新媒体促使大众文化的消解性和颠覆性增长。大众文化的形成，是对传统精英主导的垄断和主宰力量的抗衡，并且它永远不会成为主宰力量的一部分。大众文化文本是在封闭与开放、同质性与异质性、压迫与反抗、自上而下与自下而上之间的冲突中进行斗争的文本。大众的战术所瞄准的目标就是一切事物现存的秩序，是对现存一切秩序、法则、等级、霸权或话语的抵抗。因此，在此意义上获得的大众快感也可以说是被压迫者的快感，它包含对抗、颠覆、逃避、冒犯、粗俗等因素。此外，在后现代文化背景下的新媒体，具有消解意义、解构权威、去中心化、平等性等突出特征。如一些网络恶搞、FLASH 动画等，尤其是政治性恶搞，就是一种典型的消解主流价值、颠覆话语霸权的大众文化文本。

（2）新媒体使大众文化文本向生产式和创造式发展。在新媒体语境中，文化传播不再是单向的线性传播。新媒体的角色从过去的"传播者"转向了"对话发起者"。大众既是传者也是受者，既是生产者也是消费者。正如"大众"的概念内涵包括平民性、群体性、社会性等，新媒体受众是主动的、积极的、充满创造力的。大众的参与与互动构成了新媒体文化，它是一种活生生的、积极创造的过程。此时的大众文化只能从内部发展出来，不能无中生有，或从上面强加。大众的快感也是在这种创造意义的过程中产生的，而且大众对新媒体的参与是直接的、明显的、持续性的，影响深远。比如，网络论坛、博客、微博和微信等，正是在广大受众与新媒体的交互和参与中，才使数字化的大众不再是过去的"乌合之众"，而是一个个有意义的、鲜活的价值创造主体。

（3）新媒体促使大众文化走向娱乐化。在"娱乐至死"的年代，大众文化呈现的"泛娱乐化"和过度娱乐现象显而易见。为实现娱乐传播目的，更多地吸引大众"眼球"，新媒体传播内容五花八门，不断翻新，表现手段及方式也别出心裁、富有个性。受众沉浸在偶像崇拜与对视觉、快感、欲望的迷狂中，构成了不同寻常的娱乐文化奇观。尼尔·波兹曼在《娱乐至死》中指出，大众社会的泛娱乐化使人们心甘情愿地成为娱乐的附庸。新媒体文化的娱乐性主要表现为其承载的教育、批判、意识形态等功能日益弱化，大众更加远离神圣、伟大、严肃和深刻，而个人主义、自恋、娱乐、快感、身体，欲望等成为替代的关键词。简言之，在新媒体的众神狂欢中，过渡性、浅白性和娱乐性是大众文化的主要特征。大众文本是短暂的、碎片化的和偶然性的，可以迅速消费而且需要不断重复。所有的文化或图片都在说着浅显、毫无深度或微妙的话，而所有的形式都指向一个要点，那就是快感娱乐。

二、意识形态的渗透

"后视镜原则"被媒体学者大量使用。麦克卢汉曾说："我们透过后视镜看现在，我们倒退走步入未来。"他指出，印刷媒介有利于形成社会场景之间的隔离，从而促成知识的隔离和阶层的形成，电子媒介则倾向于打破隔离，融成社会场景从而模糊角色，消解权威。进入 21 世纪，数字新媒体的广泛应用正在打破传统的政治格局，政府管理者也参与到这场新媒体与政治的交互之中，并着力依靠新媒体进行"议程设置"，进而引导国际、国内社会大事件的走向。同时，新媒体的社会环境监测功能与社会协调意义对于国家政治、意识形态的影响也十分重大，因而需要强调对新媒体使用的重视，反过来使新媒体对政治发挥正面影响力。

综观国内事件，新媒体对政治的影响力正在不断地增强。在国内，一方面，政府通过搭建公共信息平台来了解百姓对一些重大事件的看法意见；另一方面，也通过新媒体进行政府思想的宣传。2015 年 11 月，哈尔滨市香坊区利用新媒体细化社会管理，充分利用手机微信特点，通过建立使用"文明香坊""魅力香坊"等数个工作微信群和微信公众平台，建立健全长效机制，进一步推动创城工作制度化、规范化、常态化发展。

三、经济增长方式的转换

"科学技术是第一生产力"，这句话曾被无数次验证。在 21 世纪的今天，科技仍然对社会的发展具有重大的影响。新媒体依赖于现代科学技术的发展壮大，并把这种先进的科学技术转换为社会的经济效益，进一步促进社会经济的发展。新媒体对经济的影响力主要体现在对现代企业和新媒体产业的发展上。企业作为社会经济的基本组织细胞，从前期策划、产品营销到产品销售以及后期产品反馈等一系列过程，都与新媒体广告和宣传息息相关，新媒体传播极大地提高了企业的宣传力度和营销方式。新媒体作为一种传播介质与传播手段，给新媒体产业本身及相关信息产业带来了巨大的经济效益。对此，传播学者施拉姆明确提出了传播的经济功能，指出大众传播通过经济信息的收集、提供与解释，开创经济行为。他认为："采用机械的媒介，尤其是电子媒介所成就的一件事，就是在世界上参与建立了史无前例的宏大的知识产业。"这就是说，大众传播的经济功能并不仅限于为其他产业提供信息服务，它本身就是知识产业的重要组成部分，在整个社会经济中占有重要地位。施拉姆的这个观点已被当代信息社会、知识经济和文化产业的发展所证实。比如，iPad 平板电脑在业界的热销，本身就是对经济的拉动。此外，微博的互动营销也是新媒体对经济影响的重要方式。

"2015 青少年微梦·想实现行动"公益活动，为青少年群体特别是特殊困难青少年送去资助，通过微博活动为孩子们的梦想提供资金支持。这一方面促进了社会和谐，另一方面，也资助了青少年，实现社会资金的流转。

总而言之，新媒体传播对社会的影响超乎我们的想象，我们要积极地运用新媒体扩大中国国内、国际的传播能力与力度，有效地运用新媒体增强中国的对外传播力及影响力。21 世纪是竞争的世纪，新媒体作为高新科技的代表，也是世界各国的核心竞争力之一。多元化的全球社会相互交融、相互影响，人们的传播方式、传播能力、传播途径、生活方式、经济状况、政治生活等都受到了新媒体前所未有的影响。新媒体颠覆了人们过去的社会生活，并逐渐深入人们的意识形态中，影响人们的思考方式与行为方式。

第二章 新媒体与社会发展

作为社会生产力发展的结果，以互联网为代表的新媒体对社会传统的生产、生活方式以及社会关系产生了革命性的影响，它加快了人类生活的节奏，改变着人们的思维方式、交流方式、学习方式、娱乐方式以及消费方式，推动着社会向前发展。因此，我们研究新媒体，不仅要深入探究它在传播学和技术论上的价值，还要看到它在推动社会经济发展、影响社会文化以及加快社会民主政治进程等方面所发挥的作用。

第一节 新媒体与社会经济

一、新媒体对传统经济的推动

（一）为经济发展提供便捷的信息服务

信息就是财富，时间就是金钱。从宏观的层面来看，一个社会生产计划的组织实施和运行，需要国家相关的产业政策、行业政策和经济政策的大力支持。社会生产经营者需要及时了解政府的宏观经济政策导向，及时地改变和校正自身的经营行为，使其更加适应市场需求，实现行为的长期化、合理化、有效化。新媒体的出现，为生产经营者及时获取相关信息提供了便利，同时也促使政府的公共服务和市场监督更加透明和高效。反过来，新媒体也为国家及时了解和掌控市场宏观经济运行情况提供科技手段，提高了决策的即时性和科学性，从而促进了生产的不断发展。从微观的层面来看，生产经营需要根据市场需求来进行科学的组织和运营，若想实现经营利润的最大化，就离不开对市场信息的掌握和决策，谁掌握了信息谁就占据了市场先机。新媒体可以及时提供市场的资源状况，为企业最经济的组织和配置资源提供信息，也可以为生产产品的销售提供更多的渠道和更广阔的市场。

（二）为产业结构的调整提供助推力

新媒体的出现，可有效提高资源的利用效率，缓解中国越来越大的资源环境压力，促进经济增长方式由粗放型向集约型的转型。新媒体可以加快全国统一市场的形成和与国际市场的接轨，冲破传统的部门间和地区间的分割和障碍，促进中国经济体制改革的不断深化。

新媒体提升了农、林、牧、渔产业的信息化水平。农业的根本出路是现代化，新型农业的现代化是农业的信息化，包括农、林、牧、渔业的防灾减灾，市场的需求，产品的深加工等。只有农业真正实现了信息化，才能实现农业生产组织的现代化、农业生产经营手段的现代化，才能最终实现农民生活的现代化。

我国拥有相对比较优势的轻工、纺织等劳动密集型产业和部分资本密集型产业，可以与信息技术有机结合，增强国际竞争力；在交通运输、电力、钢铁、有色金属、汽车和机械装备制造，以及金融、保险、贸易及大多数服务业，都存在新媒体推广和应用的广大空间。企业生产、经营和服务等方面势必会发生重大变革，跨地区、跨行业、跨国界的大型企业集团才能出现。这有助于提高中国企业的整体素质和国际竞争力，推动我国早日由制造大国变为创造大国。

二、新媒体催生新经济

新媒体每一次新技术的诞生，就意味着新的经济热点一定会随之产生。这也使新媒体的硬件和软件设备等相关产品和服务价格下降，而相关的专业杂志、饰品和玩具等衍生产品开发及其他增值业务在内容丰富性上、在表现形式和服务方式上赢得了受众，刺激着消费的持续增长。

（一）新媒体用户数激增

1. 手机媒体用户

无线搜索服务的最大优势在于打破了利用电脑进行搜索获取信息的终端局限性，让手机用户可以随时随地通过随身携带的手机即时获取所需的信息。与互联网已相对成熟的市场环境相比，中国移动互联网市场未来将呈现出非常广阔的发展空间。工信部数据显示，2010年上半年全国移动电话用户累计净增5797万户，移动电话用户总数突破8亿户。上半年全国移动通信收入累计完成2979.0亿元，比上年同期增长11.2%，在电信主营业务收入中所占的比重从上年同期的65.31%上升到68.55%。中国移动研究院业务研究所张炎在出席"2010第一届中国通信业务创新论坛"时，在做"通信企业的移动互联网业务创新模式探索"主题发言时认为，中国移动手机电视用户目前已接近100万户，预计三年内其收益将达到7.2亿。

随着移动数据业务的发展，手机媒体的用户在手机用户群体中，将会占有越来越高的比例,终形成拥有几亿用户的庞大影响媒体平台。随着 3G 网络的成熟,手机上网环境的改变,必将有更多用户乐于使用手机上网。随着手机上网用户的增加,无线搜索用户的数量将迅速增长。计世资讯(CCWResearch)调研结果显示,2010 年第一季度中国无线搜索的日搜索量规模达到 3.52 亿次,环比增长 15.4%。

2. 网络媒体用户

工信部电信研究院发布的《2010 年宽带接入市场监测研究报告》显示,截至 2010 年一季度末,宽带接入市场出现复苏迹象,尽管同比增长率下降,但全球宽带接入的新增用户为 1505 万,是自去年一季度以来出现的最高值。从 2008 年二季度开始,中国超过美国成为全球最大的宽带接入市场,截至 2010 年一季度末,中国宽带接入用户数已经超美国逾 2800 万。

据国外媒体报道,互联网流量监测结构 ComScore 周四发布的统计数据显示,2010 年 6 月期间,美国网络视频用户数量达到 1.83 亿人,超过了 2010 年 5 月的 1.77 亿人。2010 年 6 月,美国网络视频用户数量已占网络用户总量的 84.6%。2010 年 6 月期间,谷歌各网站美国独立用户访问量为 1.819 亿,平均每人观看时长为 260.9 分钟。雅虎网站独立访问用户为 4493.8 万人,平均每人观看时长为 16.8 分钟;Vevo 独立访问用户为 4370.0 万人,平均每人观看时长为 66.7 分钟;Facebook 独立访问用户为 4330.7 万人,平均每人观看时长为 20.2 分钟;福克斯互动媒体独立访问用户为 4157.0 万人,平均每人观看时长为 13.4 分钟;微软各网站独立访问用户为 3899.5 万人,平均每人观看时长为 44.5 分钟。

我国 2010 年 6 月 8 日,三网融合试点方案终于通过审核,并于 6 月 28 日正式实施。三网融合准许电信和广电两大行业互相进入,首次明确提出了实现的路径和时间表。三网融合的推进将带来网络电视、IPTV、手机电视、移动互联网、VOIP 等新业务的大发展,对我国网络视频行业将产生深远影响。

3. 数字电视用户

据业内权威研究公司格兰研究统计:截至 2010 年 7 月底,我国有线数字电视用户达到 7719 万户,有线数字化程度达到 44.38%(有线电视用户基数为 17398 万户)。8 月,各有线运营商继续积极推进有线数字化整体转换工作,其中上海市、浙江省、广东省有线数字电视用户增长幅度较大。国家广电总局颁布的中国移动多媒体广播行业标准,它是国内自主研发的第一套面向车载或手持的多媒体移动终端的系统。至 2010 年,中国移动电视用户将达 1.2 亿人,市场容量将达近千亿人民币,巨大的市场潜力已吸引了众多厂商加入这场盛宴的角逐中。

（二）新媒体，新经济

"新经济"在经济全球化的条件下，以一种新的形势将技术创新、资本市场、宏观政策结合起来。在网络信息等新技术推动下，创造出一种高速增长且低通货膨胀和低失业率的经济。这是以网络为龙头的信息技术为媒体经济带来的一场产业革命，其中报刊、广播、电视、电影等传统媒体和网络等新媒体在先进的技术基础上进行的产业内融合，同时与各种电子商务形成了全新的产业群落。这些新型产业、新型业态的影响力和辐射力正在不断增强，在国民经济特别是服务经济中的贡献度不断提高。

1. 新媒体带来新内容

新媒体的出现带来了全新的内容，新媒体平台不但能提供声像图文并茂的新闻，还能提供电子商务、电子政务、电子公务、电子医务、电子教务等多种服务，正在成为21世纪信息产业和经济发展的火车头。新媒体中的户外电视传播平台如大学食堂显示屏、城市广场显示屏、医院和药房显示屏、车载显示屏、卖场和商业楼宇显示屏等又是新媒体行业中投资商们关注的重点。

三网融合、物联网与互联网的融合，传统媒体与新媒体融合、新媒体产业链之间的融合、新媒体技术与传统产业的融合、新营销模式与新媒体的融合，新媒体在不断创造或满足着新的市场需求，不断与生产企业嫁接与融合，不断与传统媒体嫁接与融合，不断嬗变出新的内容。新媒体将媒体业务与金融服务、商业贸易结合起来，如网络音乐、视频等内容下载分销，通过关键词链接到产品的订购与在线支付等。英特尔的"数字家庭"计划、"盛大盒子"，就是把各种不同的传播渠道、媒体内容，乃至家用电器的控制，融合在一个控制端口，产生了融合效用。

2. 新媒体催生新产业

新媒体技术的迅速发展，造成各类传输技术的全面融合，为媒体经济的现代发展提供了技术上的可能性。在技术的层面上，通信、传媒、信息产业这三大传媒的"汇流"已经实现，并形成新型的产业组织和经济运作体系。新媒体使大众传播的状态和大众传媒的业态，发生了并且还将继续发生深刻变化，进而促进营销模式和赢利模式的深化和变革。

新媒体经济已经形成了以网络、视频、传播、动漫、广告、文化创意、通信、电子、娱乐、教育、出版等多个领域，涉及IT、影视、传媒、教育、移动终端、电子、手机等多个行业的新兴产业，被称为21世纪知识经济的核心产业。这一产业在中国正在形成规模效应。其中，互联网和移动增值作为最重要的两个领域得到了快速发展。

"十二五"规划建议提出："培育发展战略性新兴产业；发展新一代信息技术；重视互联网等新兴媒体建设、运用、管理；创新文化生产和传播方式，解放和发展文化生产力，增强文化发展活力。"同时国家将推动文化产业作为国民经济支柱性产业的重点战略进行部署。新媒体会涉及出版发行、版权贸易、影视制作、动漫游戏、文化传媒、广告会展等文化产业各个环节，预示着"十二五"期间新媒体产业将蕴含着重大战略机遇。

3. 新媒体造就新商机

随着三网融合全面推进，创新型新媒体将迎来更好的发展空间与投资机会，具有发展潜力的创新型新媒体将受资本的追捧。三网融合将给新媒体带来一次巨大的产业变革，网络电视台、IPTV、手机电视、互联网电视正加快融合，数字新媒体、移动新媒体、户外新媒体、网络新媒体创新不断，传统媒体也开始加快了新媒体融合发展、打造全媒体的步伐与改制上市计划。这些都给制造业带来了无限商机，如3G（第3代移动通信技术）给网络设备制造商、网络通信营运商、手机制造商带来了巨大的商机；IPTV、"三网合一"，则给数字电视制造商、软件开发商、网络运营商创造了巨大的商机。

（三）新媒体与"双刃剑"

新媒体在推动社会经济发展的进程中，传统经济中的一些概念会在新的经济环境中衍生出新的意义，就像一把双刃剑，在促进新媒体和新媒体经济发展的同时，如果运用失当，则会产生消极的影响。网络口碑营销和网络知识产权保护在新的经济环境中，面临着自身身份的尴尬。

1. 网络口碑营销

口碑营销实际上早已有之，地方特产、老字号厂家商铺及企业的品牌战略等，其中都包含口碑营销的因素。美国资深营销专家马克·休斯在《口碑营销》一书中写道：口碑是这世上最具效力的营销方法。对于进入互联网时代的现代社会来说，人与人的信息沟通交流更加方便快捷，因此人际间的口碑营销也日益显示出强大的能量。

网络营销则是互联网兴起以后才有的一种网上商务活动，它逐步由门户广告营销、搜索广告营销发展到网络口碑营销。网络口碑营销（IWOM），是口碑营销与网络营销的有机结合，首先是一种营销过程，也是营销者对网络中的口碑信息传播进行管理的一个过程，因此营销者也是传播的主体；更进一步来说，营销者与由消费者组成的网民相比，其在网络口碑营销传播中，是整个传播过程的主体，要引导舆论的走向。

新媒体的作用远不止产品销售本身,它其实也是一个公共论坛,消费者在此交流他们最直接的想法,这些信息往往对企业品牌有巨大的影响,得当与否,会产生不同的效果,且看下面发生在同一时段的两个传播效果截然相反的例子。

同样是一亿元的捐款,却在王老吉和万科两个企业产生"掌声"和"责骂"两种截然不同的结果。这两个事件,都是在网络媒体上引发,并凭借网络互动性、传播迅速的特点,快速地放大传播舆论因子,使网络舆论快速发展为社会舆论,并由网络媒体的受众蔓延到现实社会的消费者中,引起强烈的传播效应和后续影响。这不可不说是网络媒体强大传播效果的体现,也显示出网络媒体作为口碑营销载体的巨大威力。

"'网络打手'招聘。薪资待遇:每个回帖:0.1~0.4元,每篇原创文章:5~10元,工资每日支付;要求:上网熟练,平均每天工作投入1~3小时,具体根据效率自定,熟悉论坛操作……"这种公然招聘"网络打手"的信息分散在网站的各个角落,有的挂在论坛,有的挂在私人博客,有的挂在微博中,也有的在QQ群内转发。"散布虚假消息""造谣""污蔑""煽动""删帖""编造""诋毁","借风起浪",是这些"手"们惯用的伎俩。"新东方"的被黑,某汽车品牌遭遇的"爬坡门"事件,杀毒软件商之间频起口水仗……这些所谓的"三千水军"和"五毛党"公司往往是作坊型企业,暴露出网络社区很多不规范的做法,不是真正在为企业策划,为企业的良好发展提供服务,而是往往被一些企业利用去打压对手,利用网络社区的匿名特点,在网上大量地发布不真实的虚假的水帖和枪帖,成为唯恐天下不乱者。在他们眼里没有商业规范,没有商业道德,唯有钱是万能的。

在国内,网络口碑营销行业还在起步阶段,要想有出路必须尊重网民的知情权和话语权,真正创造真实诚信的网络舆论环境。虽然由于很难掌握确切的证据,"网络打手"们往往无须承担任何责任,但有良知的企业应该意识到,不真实的水帖和枪帖不是消费者的真实的口碑,对品牌建设毫无益处,且还会使产品口碑承担巨大的风险,对正规的网络营销活动产生了消极的影响,对商家、网民、网络社区有百害而无一利,同时对整个社会经济、生产和正常生活秩序也会产生严重的破坏作用。我们可以借鉴国际上网络口碑营销的成熟做法,制定很多真实诚信的规定予以规范。例如,美国口碑营销协会成立了"道德委员会",专门监督企业进行诚信口碑营销。很多跨国公司的全球总部也已明确规定,不得在网上匿名发布任何虚假的信息,并相应地制定了"网络口碑营销指南"。

2.有关"知识"的二难选择

新媒体经济的本质,从某种程度上是一种注意力经济行为,技术发展所带来的传者和受者身份的异常平等使得处于垄断地位的主流文化越来越多地受到多元文化的冲击。

(1)知识产权保护。知识产权最主要的特征就是财产性,即明确某种东西"属于某人"。但在数字化时代,数据天然地进行复制重复并以超越国界的方式在互联网上进行流通,新媒体所特有的便于移动、复制、编辑的特性,使得所有者拥有的权力很容易变得模糊不清。"原创"和"复制"所带来的"从属关系"被消解,复制品从某种程度上和原创品一样具有平等的意义。

新媒体的发展在给传统影视产业传播提供了更便捷、更迅速的途径的同时,也给侵权者提供了更简单、更为隐蔽的渠道。据最高人民法院的统计数据,从1999年至今网络知识产权纠纷案件增长了8倍,著作权案件近两年增幅更大。知识产权保护是新媒体发展的核心,新媒体经济若想健康发展就必须予以关注。新传媒联盟秘书长王斌曾经在新传媒产业联盟联办的"2009中外企业知识产权高层论坛"上提到,传统媒体如果是"草",那么网络就是"羊",羊吃草,传统媒体就是给羊提供草,后来搜索引擎出来之后就变成狼,连羊带草,一起吃。这比喻貌似是个笑话,但也反映出一个比较严重的现实:传统的知识产权遭受着新的考验。于是,根据新媒体的发展完善知识产权的保护范围,从法律的角度保护新媒体经济中的"产品"的财产合法性以保护内容提供者的经济利益,成为新媒体经济发展进程中的一个迫切的时代要求。2010年10月27日国务院办公厅发文(国办发〔2010〕50号),从2010年10月至2011年3月,在全国集中开展打击侵犯知识产权和制售假冒伪劣商品专项行动。专项行动以新闻出版业、文化娱乐业、高新技术产业、农业为重点整治领域。在新媒体领域,政府有关部门将加强网络知识产权保护,严厉打击互联网侵权盗版,重点打击影视剧作品侵权盗版行为。加强网络购物、电话购物和电视购物活动监管,重点打击利用互联网、通信网络和电视网络销售侵犯知识产权和假冒伪劣商品的欺诈行为。

(2)知识共享。网络的廉价、便宜、覆盖广、匿名和双向互动诸多特征正符合公共领域知识共享的要求。当互联网作为一个新媒体出现时,曾经让很多有理想的草根人士充满了乐观情绪。然而,知识共享有一个敌人,那就是知识产权。因此,在从政策上发文加强原创者利益的同时,我们还需要探讨知识产权适用性的问题。在2007年的第41期《亚洲周刊》第9页有两则并置的短新闻。右边的《24首歌罚款22万》,说一名美国女青年因在网络社区共享音乐(所谓"非法下载及上传")而被起诉,最终被裁定侵犯唱片公司版权的罪名成立，共罚款 22 万美元。左边的是《柏克莱大学开YouTube 课堂，网上公开三百小时课程录影》，说 10 月初美国加州大学伯克利校区（UCBerkeley）和 YouTube 合作，在网站上免费分享该校的课程，目前已有九门课，并会持续增加上传的课程内容。这两则并置的短新闻，彰显了知识产权与知识共享之间的尴尬情形：一边是保护知识产权的呼声，一边是知识共享的文化诉求；一边强烈要求自由贸易保护，一边则是知识民主实践的渴望，这种无论如何选择都让人左右为难的现状，成为新媒体时代的显著表征。

目前对"非法"共享的惩罚，非常严厉。应引起我们思考的是，知识产权的意识形态已经正在将"非法"共享文化资源建构成形同盗窃，一个极端的例子就是香港特区政府曾经试图将刑事检控的范畴扩展到 BT 下载。有人曾警示说，资本追逐利润的本性令知识产权的宣称贪得无厌，因为，绝大多数的版权人并不是艺术家或者知识分子本人，而是一些大企业和大财团，如大唱片公司、大电影公司、大出版商等，他们是有能力去左右政策的，去不断加强网络控制。知识产权扩张的趋势是打击对象已经从非法牟利的盗版集团扩大到非牟利组织和个人。假如有一天，我们不再能免费在线听歌，不再能免费下载电影，甚至不能随意在自己的博客上贴图和播歌——也许互联网的黄金时代就过去了。

知识共享不单只是知识的免费午餐这么简单。事实上，它是试图在开辟和建设一个公共领域。公共领域的定义要求人在其中不单只是获取，更是要给予，要交流、要辩论，这样知识才能源源不断地流动并得到提升，社会才会进步。这是知识共享的假定。知识免费共享计划背后的信念，可以追溯到法国启蒙时代百科全书之父——狄德罗（Denis Diderot）。他认为，把知识放诸公众，能带来社会进步。这种信念由来已久、薪火相传，但应该说，直到新媒体时代的到来，人类才真正将这一信念投入大规模实践，互联网实在是到目前为止一个最好的全球性知识共享平台。

面对新的市场要求，内容提供者最好主动放弃知识产权来完成新的商业模式的建立，以获得更大的利益，埃瑟·戴森就是这样的倡导者。他在《2.0 版——数字化时代的生活设计》一文中论述说"对内容供应商而言，最佳的防御似乎就是免费分配知识产权，这样才能把服务和关系销售出去"。戴森的这种对"知识产权"的放弃以谋求后续服务的利润行为已经在现实中得到了实践，如对源代码的开放。将处于设计核心地位的源代码免费公开之后，那些工作者便只能通过获得精神上的权力，如地位和名气或者工作的聘用来完成实际的利润收入。知识的共享，无形中实现着一种知识民主，它有利于降低公众获取知识的门槛（不论是经济的门槛还是社会身份的门槛甚至是时间的门槛等），保障作为公民权利的文化权的满足。

第二节　新媒体与社会文化

一、新媒体文化发生的必然

文化是人类的精神食粮和民族之魂。党的十七大报告指出，要"提高国家的文化软实力，使人民基本节化权益得到更好的保障，使社会文化生活更加丰富多彩，使人民精神风貌更加昂扬向上"。在"推进文化创新，增强文化发展活力"方面，要"运用高新技术创新文化生产方式，培育新的文化业态，加快构建传输快捷、覆盖广泛的文化传播体系"。数字化时代推动了新媒体发展，新媒体带来的绝不仅仅是一场技术革命，它还意味着一代人生活习惯、文化消费状态乃至行为方式的改变，意味着我们以文化为中心的文化建设思路、国家文化发展战略必须有新的调整。

互联网已成为思想文化信息的集散地和社会舆论的放大器，我们要充分认识以互联网为代表的新兴媒体的社会影响力，高度重视互联网的建设、运用、管理，努力使互联网成为传播社会主义先进文化的前沿阵地、提供公共文化服务的有效平台、促进人们精神生活健康发展的广阔空间。哈罗德·英尼斯在其著作《传播的偏向》中曾说过：或许我们可以假定，长期以来对媒体的使用在某种程度上决定了被传播的信息的特性，而且，这种广泛的影响最终会建构起一种文明。在这种文明之中，难以保持生活的原样及其灵活性。因此，一种新媒体的诸多优势最终会导致一种新文化的产生。

随着现代人在精神消费方面对大众传媒的依赖越来越大，新媒体文化内容开始也成为人们精神消费的主要供应源头。而曾经以印刷传播为代表的精英文化和以影音传播为代表的大众文化都已在新媒体文化所掀起的大潮中日落西山。在当今"媒介即信息"的"地球村"时代，无论是精英文化还是大众文化，都无法避免地要依赖于新媒体文化的传播，二者已在新媒体文化的强大气场下出现了形式上的统一，两种文化及其传播已没有绝对的分界，在新媒体文化中更多的是"你中有我、我中有你"的融合。加之全球化了的后现代语境使得二者在内容和形式上更有着千丝万缕的联系，文化已卸下过去只有知识群体才能赏玩的贵族式光圈，而变得越来越大众、越来越平民。

另外，随着高等教育的进一步发展普及，高雅也正在为越来越多的人们所理解、接受。这一切都充分显示了新媒体文化的强大糅合力和不可抗拒的发展趋势。同时，大众参与程度的不断扩大使社会文化的更新换代速度明显加快，这将对社会发展起到重要的推动作用。

二、新媒体文化的特点

新媒体文化的迅猛发展使其已成为社会文化生活的重要组成部分，大量用户自创内容的出现推动了文化的多元化发展趋势。在此基础上，新媒体对社会文化的渗透机制逐渐演变为一种协作的创新体系，呈现出多样化的形态。

（一）文化样式的多样性

新媒体文化样式的多样性发源于其技术的多媒体化。这种"多媒体最重要的特征，乃是多媒体在其领域里以其各式各样的面貌，容纳了绝大多数的文化表现。它们的降临形同终结了视听媒介与印刷媒介、通俗文化与精英文化、娱乐与信息、教育与宣传之间的分隔甚至是区别。"从新媒体的媒介属性来看，新媒体的文化样式主要分为以下三种。

1. 网络文化样式

随着 Web2.0 技术的全面应用，以往仅以网页形式呈现的网络文化又涌现出了博客、播客、电子杂志等新形式，在网络信息技术基础上形成的这种富有精神性的文化形态，开始呈现出多样的文化态势，如博客文化、播客文化、维客文化。无论形式如何多样变化，从广义上来说网络文化都是指"借助计算机网络所发生的政治、经济、军事、社会、学术、文学艺术、娱乐等广泛的社会文化活动"。而从狭义上来说，包括"在计算机互联网上进行的教育、宣传、文学艺术，娱乐等侧重人文精神的文化活动"。

作为新媒体文化重要组成部分的网络文化，不仅是人、信息、文化三位一体的产物，也是人类社会发展的产物。与传统媒介一样，网络文化承载着传递知识、信息服务、宣传教育、娱乐消遣、舆论引导等功能，而商业功能较之以往更加凸显，市场管理、产业价值的实现成为网络文化的附属标签之一。

2. 新媒体影视文化样式

新媒体技术也影响了文化内容，出现了新的制作方式，所以有了 3D 电影、高清电视、家庭录影制作室。此外也出现了一些新的文化产品，如专门为手机、iPad 制作的视频。

尽管在影音质量、类型拓展、人才培养等方面，新媒体影视还存在着无法跟传统影视媲美的劣势，但新媒体影视必定将为更多有志于电影和影像的个体提供表达自己和成就自己的机会，也将为网络受众带来新的内容。如知名视频网站优酷推出的"11 度青春系列电影"短片，颠覆了以往网络原创短片定义，充分发挥视频应用互动性、传播性、娱乐性等特点，推出影视综艺产品，更具观赏性、符合网络传播特色。

伴随着广电局"三网融合"工程的全面铺开和影视新媒体化的推进，新媒体影视文化成为新媒体文化的一员。相较传统影视文化，新媒体影视文化最大的不同就在于其直接互动性和受众自主选择性，决定了其是一种新兴的、分众的文化。

3. 手机文化样式

手机文化传播的渗透性强，在于手机作为全新业务的新媒体已经实现移动电话媒介身份的突破，正在以人的随身独立信息终端的存在演绎麦克卢汉的观点：媒介的发展史同时也是人的感官能力由"统合"—"分化"—"再统合"的历史。这一过程也是人体的信息功能日益向外拓展的过程。可以说，手机媒体的出现是已有的多种媒介形态相互融合、演进的结果。互联网可以看作手机媒体化过程中的资源基石和支撑。

正如黑白电视必将被彩电所淘汰一样，手机功能的更新是科技发展、社会发展的必然。为了重新建立起原来的社会距离，较上层的特殊群体不得不投资于新的（信息化的）商品。从纯粹的文本短信发送到下载图片、铃声、彩信、多媒体短信，从定制手机服务信息、手机报到通过 3G 手机点播电视节目、上网冲浪。手机一族通过这种"新的（信息化的）商品"，将自己从只会发文字信息的大众中脱离开来，引领着手机文化新的时尚潮流。

（二）文化功能的多重性

1. 平等性

多种新媒体文化样式的出现，极大地丰富了人们的日常生活。网民不仅可以通过手机来观看电视节目或是读报，发送信息为自己喜欢的"超女"投票，还可以通过网络对某一事件发表个人观点，进行人肉搜索，或是通过网络视频点播个人喜欢的文娱节目；也可以在数字电视平台上，选择付费电视节目、参与游戏、点播歌舞等。在多重文化样式交互结合时，所谓的大众与精英、文教与娱乐都被置于一个平等的平台上。

2. 兼容性

新媒体文化功能的多重包容还表现在娱乐功能与教育引导、公益传播功能的兼容。网民的恶搞视频或调侃式言论，票选"网络红人"或手机"拇指一族"中创造的搞笑信息传播等娱乐表现形式似乎将新媒体文化的娱乐功能充分挖掘了出来。同时，新媒体文化在传递信息、教育引导、公益传播、文化交流等方面也展示出自身的魅力。

3.二重性

新媒体文化产品具有信息产品的属性，这种属性可以划分为商业性与非商业性。作为提供给受众和广告商的信息商品，新媒体文化产品毫无疑问具有商品性；但新媒体文化同时又具有公益性和宣传教育功能，这就决定了其具有非商业性，如新闻网站、手机彩信、手机报、IPTV等所传播的国家政策、思想讨论、政治立场、公益宣传、天气预报等都是无偿共享的。

（三）新流行文化的出现

1.草根文化

草根文化，草根（grassroots）一说，始于19世纪美国，当时美国正浸于淘金狂潮，山脉土壤表层草根生长茂盛的地方，下面就蕴藏着黄金。后来"草根"一说引入社会学领域，"草根"就被赋予了"基层民众"的内涵，是相对于御用文化、殿堂文化而言的，区别于阳春白雪的雅文化、上流文化，是具有民众精神的，代表民众意识的人群借用新媒体对个人意识的表达。

草根文化生于民间，长于民间，没有经过主流意识的疏导和规范，没有经过文化精英的加工改造，是在一定时期内由一些特殊的群体、在生活中形成的一种特殊的文化潮流现象，具有平民文化的特质，属于一种没有特定规律和标准可循的社会文化现象，是一种动态的、可变的文化现象。舆论研究学者喻国明说，"平台和载体的特性对文化本身的原生性有着重要的支撑或是限制作用。在传统媒介通道和容量有限的情况下，出现具有官方认同基因的一元化、专业化、单纯的精英文化是一种必然；而展现原生态魅力、内容丰富多样化、另类、边缘、强调个性化基因的草根文化则由于缺少平台，必然处于压抑、萎缩和不发展状态"。

（1）草根文化的兴起：新媒体提供了平台。新媒体为草根阶层提供着越来越优化的展示平台，从最初的BBS到今天的贴吧、博客、微博，从原始的FLASH动画到时下流行的原创视频，再加上MSN、QQ等即时通信工具功能的不断完善，以及Baidu、Google等搜索工具的出现，来自民间的、鲜活泼辣的、不登大雅之堂的、具有肆无忌惮风格和充满细腻反讽趣味的草根文化突破渠道的藩篱盛行开来。安迪·沃霍尔曾经预言，在将来每个人都能成为5分钟的名人。如今他的预言已经成为现实，草根英雄、大众、网络、媒体正在互相推波助澜，在娱乐的名义之下，正在生动地演绎着一场草根文化的大狂欢。

　　来源于民间，兴起于网络，走红于媒体，泛滥于大众……近年来，按照这样的模式，草根明星层出不穷。草根明星不光来自草根，其作品内容和表现手法都是草根的方式，成名途径也是草根的传播。芙蓉姐姐、天仙妹妹、百变小胖、胡戈、网络歌曲……这些来自民间的夸张搞笑陆续粉墨登场，带着反讽、解构的性质，自娱自乐。他们不必受到任何条条框框的拘束，随心所欲地挑战着人们日渐萎缩的想象力；他们事先都没有宣传，靠的是普通观众的口口相传而广为人知。

　　（2）草根文化的兴起：草根阶层的推动。草根文化之所以会兴起，受众的积极参与成就了草根文化兴起的主体基础。在中国，很大一个原因在于人数上的巨大优势，10多亿人口中的绝大多数都是草根平民，这对于草根文化的迅速崛起有着很大的推动作用，就是因为有了这样一片巨大的市场，这样的一种潮流才会越来越猛。

　　中国社会现在的贫富差距日益加大，导致许多普通老百姓的心理有所失衡，有表达个人意愿的冲动、渴望平等的需求。草根文化让人们的生活变得更加多彩，是草根文化让我们看到了社会隐藏着的诸多问题。草根们热议的"官二代""富二代""提拔门""车祸门""日记门"……无不形形色色地彰显着社会中存在的诸多不公正不公平的现象。当正常的途径不能顺利解决各种问题时，新媒体这个平台成为草根们维护自身权利，彰显正义的喷发口。

　　（3）草根文化的多元性：娱乐性与对抗性。"草根"已经从最初个别的文化现象开始逐渐积淀下来，形成稳固的力量，开创了新的文化格局。这种文化形态的产生很符合中国大多数民众的心理状态，"底层，弱势，平民"是它的特点，而随着时代的发展，"草根"们需要被更多的关注，这种强劲的平民之风，正在越刮越烈，大大补充了主流文化，从而使新文化的外延更加丰富。

　　草根文化以种种"无厘头"的方式颠覆了由体制文化和精英文化全盘主宰的审美惯性、传统的明星模式以及某些根深蒂固的思想观念；敏锐、辛辣地对精英文化和社会现实的热点现象中出现的弊端进行无情的嘲弄与亵渎、将其消解和狂欢化，具有极强的娱乐性。自由欢畅地表达各种声音和意见，同主流、精英文化相抗衡的公共话语空间的民主意识在其中悄悄萌芽。

　　新媒体技术的不断发展，赋予草根们"星星之火可以燎原"的实力，随着这股力量对社会影响力的不断加大，草根文化可能会像一群脱缰的野马肆意狂奔。这往往源于对精英和主流文化传统和现实某些方面的失望，转而以一种对立的姿态，不加分析地指斥一切精英文化的平庸、苍白与虚伪、委琐，并试图从根本上孤立精英文化，否定文化精英在社会文化变迁中的重要作用，甚至有意遮蔽、淹没在底层和为底层而工作的精英的努力。一种狭隘、极端、盲目乃至非理性选择的精神特征，就由此显现出来，对所有传统媒体报道的质疑，对当事方言论的不屑，对政府调查的不信任，都在某种程度上体现出草根意志的对抗性。

（4）草根文化的多元性：民粹性和社会性。当互联网赋予草根阶层一个无比宽广的交流平台时，草根文化就面临着一个不容回避的问题，即如何在理性道德观的约束下自由行使话语权，适度担负起对社会的各种责任，防止出现文化民粹主义的倾向。因为草根文化往往视普通百姓为积极的快乐追求者，全盘信任他们判断的合理性，对普通大众在特定情况下通常会出现的某种非理性的、情绪性的共识也盲目顺从。即使百姓充满对邪异的个体与个性、性、丑闻、暴力、运动和娱乐等方面的兴趣，或者人性的低俗品质、负面特质与卑污内涵以一种生动的、有特性的语言和形式表现出来时，草根文化也会以民主的姿态来加以解释并使之合理化。

但当越来越多的"草根文化"以"英雄"的姿态出现在我们的视线里，当所有的粗俗、无聊以及恶搞被冠以"草根文化"的名头后"身价百倍"时，我们不得不面对这样一个事实："草根文化"也并非优秀文化的代名词，这里面既有精华，也有糟粕，原生态的东西并非一定就是优秀的，有生命力的东西也并非一定值得大力提倡。草根文化在具体内涵方面，不但缺乏深层次审美活动的感情因素，也缺乏主体精神沉静的磨炼、过滤、提升和坚定的理性观念的支持。因此，虽然影响巨大，实际上却基本属于较为粗疏的快感型审美层次，缺乏真正沉实的精神文化内涵。不管草根文化将来会如何发展，我们都必须承认它是娱乐创新的必然，是文化发展的必然，是公众需要的必然。世上没有永恒存在的事物，文化现象也莫不如此。这种文化现象是否可以催生出更新的娱乐样式，还有待于进一步的观察。

2. 网络消费文化

消费文化并非孤立地存在，而是全球化进程中的文化现象，是西方消费文化思潮直接影响的结果。消费文化作为文化的一种类型，可以理解为"一种因预期而生成的共同信念或规范"。尽管它的研究起源于经济学领域，但它同样关乎社会学、心理学、传播学和伦理学等众多学科领域，与社会生活的方方面面不无关系。

（1）新媒体作为催化剂随着经济的发展、技术的进步，当今社会的消费文化与新媒体正在走向共谋。新媒体通过源源不断生产出的各种符号，持续刺激着人们的物质欲望，引诱人们接受各种消费文化的传播形态，使人们体验各种消费主义的快感。网络消费文化是一种依靠新媒体技术上的数字化与传播上的互动性，传递人际间数字化信息及自身个性化因素与复合观念的媒介文化。它包含在媒介文化之中，是媒介文化的一种新表现和新拓展。

毫无疑问,网络消费文化是人类共同需要的文化产品,跟其他许多文化形态一样,是建立在物质基础上的消费文化形态,这种消费文化又与网络上所有上下游厂商及消费者相联系,消费衍生出网络消费文化产业和商业,包括网上购物、网络游戏、网吧、网络动漫、在线点播、网络聊天视频、网络培训、网络教育等内容。

1)网络消费文化的特征:个性化。网络消费文化是与消费个性化相结合的文化,它的发展构成了网络消费文化的一大特色。网络为人的个性化发展提供了前所未有的一个空间与平台,只要有一台可以上网的电脑,消费者就可以根据个人的兴趣爱好挑选自己钟情的产品,搜索加工、发布烙上个性化印痕的信息,选择交流的伙伴。在网络世界中,网络消费者足不出户即可实现对各类精神文化产品与精神文化性服务的占有、欣赏和使用,使人们在网络消费过程中的愉悦功能得以发挥,享受个性化消费的乐趣。

网络世界拓宽了私人空间,也使公共领域的权力结构发生了变化。网络交往的高度随意性与隐匿性决定了网络主体可以“随心所欲”地进行交易活动,这无疑强化了消费的个人选择和知识创新。从一定意义上来说,网络消费使人变得更自由,更富有个性和智慧。当然,对网民而言,能够自由自在地消费,那将是一件相当愉悦和幸福的事。但可以选择的信息越多便越难做出选择,这也给网络消费者的消费决策带来了难度,并促使其提高信息消费能力。

2)网络消费文化的特征:便捷性。网络消费文化导致消费观念的转化,体现了超强的跨时空性。数字化网络所产生的知识经济合力,缩短了生产和消费之间的距离,使网上消费变得更加直接,更容易使买卖的双方能在一种近乎面对面的、休闲的气氛中达成交换的目的。同时,由于网消费不受时间和空间限制,消费者可以随时随地端坐在电脑前,以自己最舒服、最灵活、最自由的方式进行各种消费。

借助网络进行消费,成为追逐和制造时尚的体现,形成一股汹涌的购物潮流。“今天在网上败的啥?”“团购不?”“逛淘宝了吗?”……成为当下人们网上网下聊天的主要话题。

在网络上,消费者通过网络图片、顾客评价等信息,可以对所将要消费对象的把握更直观、更形象,同时网络的快捷、及时,无边界传输和极庞大的信息量使得消费者更容易获得有关消费的信息,这些极大地提高了消费者所欲消费的准确性和有效性。

3)网络消费文化的特征:互动性。在网络消费文化中,信息传递从单向走向双向、多向互动交流；受众参与性增强，将受众从被动的接受者变成主动的参与者。消费者可与企业展开富有意义的交流，企业通过聆听消费者的回应可以迅速、准确、个性化地获得信息，连同网上监测机制所提供的数据、网络浏览路径、点击后行为等分析，可勾勒出较清晰的个别消费者图像，然后就可以将这些宝贵的关于目标消费者的个人信息集成资料库；消费者在获得发言机会的同时，还可以作为特定的目标获得量身定做个性化的信息，从而得到更好的服务。

网络消费文化的互动性特征，导致消费价值观念的转化，人们对物质的关注，尤其是对精神享受的获取，成为网络消费中最吸引人的热点与焦点。在网络消费中，人的尊严往往得到充分的尊重，人的心灵和价值得到最大的关注，心理或情感上的满足，产生愉悦心理情感反应，充分体会到"顾客就是上帝"的购物享受。

（2）网络消费文化的不良影响。当今网络消费文化出现了泛娱乐化的倾向，张扬感官满足，忽视历史与社会意识，有些网络消费主体缺少人文理性，出现网络消费主体对感官满足效果产生依赖与迷恋，网络消费主体的文化心理和文化价值取向出现偏失等现象，很值得注意。

1）网络消费文化的不良影响：网络同居。网络同居，是虚拟家庭网络同居的简称，是组建虚拟家庭的口头通俗化说法，正常是指男女双方在网络上购买虚拟房屋、组建虚拟家庭、互相关心照顾的虚拟同居，他们绝大部分是素未谋面的网友，先根据对方网上所提供的资料，如身材、性格、年龄与城市等，选择自己的合适对象，然后在网上相处、恋爱、同居甚至结婚、生子。

网络经营者设计的那些"同居"功能，需要满足一定的条件，使那些有意参与"网络同居"的青少年陷入一种欲罢不能的消费诱惑之中。这种消费是一种畸形的消费，对所谓的"网络情人"（或者叫网络新娘、新郎）过于依赖，滋生出大量的个人心理问题。在"网络同居"中，虽然可以释放个人情感，但并得不到真正意义上的性宣泄，只是冲突的暂时缓冲，导致的结果可能是问题的严重化或冲突的强烈化，甚至可能引发一系列的社会问题。对于已婚男女，"网络同居"对现实的婚姻家庭、伦理道德、传统文化也产生了冲击，影响了现实中的夫妻关系，使夫妻关系恶化，影响家庭稳定，乃至引发离婚。

2）网络消费文化的不良影响：网络裸聊。当今社会，随着视频技术的广泛使用，网络色情出现了一个新的变种，俗称"裸聊"。受利益的驱使，在裸聊出现后，很快有人把裸聊当作一棵"摇钱树"来经营，造成了极其恶劣的社会影响。这种为盈利和实施其他犯罪为目的的"网络裸聊"，一般有"点对点式裸聊""点对面式裸聊"以及"群体式裸聊"三种形式。

"网络同居""网上裸聊"都属于网络文化的垃圾种类,是对网络消费文化的玷污,我们必须旗帜鲜明地加以反对。

第三节　新媒体与社会政治

新媒体不再仅仅涉及传播技术本身的更新,它更体现了新兴传媒力量与社会关系变革、政治势力角逐之间的深刻变化。这就要求我们深入检视更为宏观的国际政治和社会领域,重新看待新媒体技术变迁中所蕴含的复杂背景,作为一种生产力的变革,新媒体的出现无疑对上层建筑产生了巨大而深刻的影响,把人类带入了"电子民主"的新时代。

新媒体政治时代的政治是一种公民政治,与民主政治的代议制形式下公民间接参与政治生活不同,公民政治使得每一个公民都成为政治生活的直接参与者,从而最大限度上最有效地保护了每一个公民自身的利益诉求,而这一巨大进步则明显得益于新媒体技术的出现。

一、新媒体环境下的政治参与

(一)网络参政的含义

国外网络政治研究可以追溯到 20 世纪 90 年代,主要探讨两大主题:一是以网络为主的新媒体对政治的影响,包括对政治制度和政治过程的影响、对政治参与的影响、对国际政治的影响等;二是网络空间的政治问题,如新媒体空间的政治性质、新媒体空间的权力、新媒体管理等。

网络参政只是新媒体政治的一种表现形式,是网络民主发展的必然成果。"网络民主"可以视为"电子人"以网络为载体和新媒介形成"网络社区",依托"网络社区"进行政治表达和政治参与的新兴民主形式。因此,网络参政可以理解为民众以新媒体为平台,以网络为载体,以发表言论的方式参与政府决策、发表政治见解,参与政治的一种新形式。

网络参政是一个成长中的新生儿,它既有促进行政决策民主化、科学化,扩大公民参与体制内民主的途径等积极正面的作用,又难以避免无序化发展运行的缺陷,是一个需要规范和引导的参政领域。

（二）网络参政的优势

与传统的政治参与相比,网络参政具有先天独具的优势,也有自身难以克服的弊端。互联网是网络参政的工具和基本载体,由于本身所具有的互动性、开放性、平等性和虚拟性等特性,使得网络参政具有以下优势特征。

1. 直接性

由于网络具有信息传递不受时空限制的特点,任何人都不需要别人来代表自己,可以通过网络直接发表意见,与当政者直接沟通,表达自己的政治观点和理念并按照自己的意愿做出判断和选择。正如托夫勒夫妇所阐述的:"为了应付信息社会的挑战,需要重新思考我们未来的政治生活,如非群体化开始增多,动员多数人变得越来越困难。而网络政治能解决这一问题。"

2. 平等性

互联网是一个既没有边界又没有中心的虚拟世界,使得参与者能摆脱现实权力和金钱关系的影响,这种去权威化的特点使参政者享有平等的主体地位、平等的话语权、平等参与政治的机会和平等的网络权力等。

3. 高效性

网络的开放性和低成本性,使网络参政几乎没有政治壁垒和经济壁垒,政治事件的发生、民众的意见、政治家的态度以及政府决策等一系列与政治有关的内容,能迅速影响决策层,推动问题的改进或者政策的出台。低成本、低门槛、高效率、高到达率,为民主机制的建立提供了以最低消耗创造最大效益的基本途径。

4. 监督性

基于网络主体的隐性化和规模化特征,网络参政的社会舆论压力往往能对政治系统起到很好的监督作用,尽管不具有实际的行动和法律效力,但这种参与网民认为具有很强的安全性。某件事件一经发起,往往能够起到"一石激起千层浪"的效果,并在短时间内激发大规模网民的参与热情,形成超地域的舆论和情绪压力,促使政治系统对这种社会挫折来源做出应对,形成对网络政治参与的反馈。

（三）网络参政的弊端

1. 不可控性

网络中不稳定的非正常因素较多,动态性较强,网络空间的虚拟性、匿名性特征往往会导致网络参政的不可控性。当黑客侵犯政府网站,盗用滥用公民的个人信息,侵犯公民隐私,使公民的个人权利得不到保障,公正的参政也就落空;或者是经济利益主体出于某种需要,利用技术和信息优势误导网络舆论,破坏网络参政的真实性、客观性、公正性；或者是网络参政的法制治理缺席使得某些参政者将网络作为肆意妄为的平台，随意发表偏激言论，发泄对政府或他人的不满。

同时，在网络参与中还存在"沉默的螺旋"效应，可能会形成"多数人暴政"的局面。身份虚拟性、地域模糊性造成了网络政治参与的主体在现实中是难以明确的。在公共政策参与时，人们往往希望别人赞同自己的政策观点，自己的帖子点击量高，就欣喜地参与，并促使其向更大范围扩散，而参政中的少数派则会倾向于保持沉默，最终导致事件非理性化发展，难以及时控制其活动或事件主体以及其运行。

2. 不均衡性

贫富不均、技术差异等原因会造成网络参政机会的不平等，这些必然会给网络民主带来难以克服的负面效应。网络参政的不均衡性，一方面体现在国际政治中发达国家和发展中国家之间，另一方面体现在一个国家内部发达地区和欠发达地区之间。

美国学者罗斯科普夫就曾直言美国是世界上唯一仅存的信息霸权国，美国应利用信息时代的工具向全世界推行其价值观。他们会有意利用网络散布欺骗性信息，动用网络"媒子"炒作有政治目的的信息，在合法而民主的网络"公示"中渗入有利于本国的倾向性的内容，最终将别国诱引进自己设定的政治框架。

在我国，鉴于部分地区居民经济原因和文化素质原因，城乡差别以及东西部巨大的"数字鸿沟"使得部分"精英"和"意见领袖"，利用其现有的话语优势，形成"话语贵族"，把持了公共话语的走向。这样，贫困的下层人民相对的话语权利进一步缩小，在网络上，他们参政的机会和空间几乎为零，来自农村与西部民众的政策意向可能被忽略，这就造成了网络参政的代表性弱和实际上的不平等。

3. 不对称性

从理论的层面来看，电子政务网络建设及各类信息资源的整合会越来越受到人们的重视，政府网站会成为政府机构的媒体窗口，它的作用类似于政府的"行业垂直网站"，是服务于社会政治的新媒体。除此外，博客等 Web2.0 应用及其他形式的网络媒体也会优化行政资源配置，在加强政府与民众的沟通及提升行政效能等方面也应该发挥重要的作用。但理论的推论代替不了现实的困窘，信息不对称仍是当今公共政策过程中的一大难题。

在我国，政务信息不对称的问题尚未解决，政策信息得不到完全公开，如不少地方的"电子政府"网站疏于管理，流于形式。据中国社科院日前公布的对 43 个省会城市和较大市政府网站信息公开情况的调研结果，有半数以上的政府网站不合格。

一些网站更是"名存实亡",网页打不开,电话打不通,成了一个空架子。

面对网民的权利诉求,像"我没时间跟你闲扯""已阅"以及"咨询、投诉和建议必须限制在100个字符以内"这样的"雷语雷事"也不时出现。作为政策信息的发布者,享有政策信息的权威性与公信力,在网络信息空间的缺位以及网络天生的自由与无序的状态,都会使公民的网络参政面临信息不对称的困扰。

另一方面,网络超越地域和空间界限的传输,会使信息出现爆炸的状态。泛滥的信息有时会使政策执行无所适从,因为政府信息处理能力是有限的,而电子网络环境下大量的信息让政府工作人员感到迷茫;泛滥的个人政策参与信息,尤其是带有主观倾向性和私人情感因素的信息,可能干扰政策执行主体的辨别,导致政府部门规避政策偏差的执行能力大打折扣。

二、国际:新媒体助推各国政治

(一)各国政要借力新媒体

新媒体日益影响选举,形成了无"网"不胜的局面。美国的一项调查显示,美国民众获取的选情信息中,网络已占3成,网络已成为仅次于电视而超过报纸的第二大渠道,并且网络的地位还在上升。马来西亚大学的一位教授研究表明,马来西亚70%的选举结果受到了博客信息的影响。新媒体举足轻重的地位,使得政要如不接受网络监督,就只能自毁网络形象,还可能导致政治生涯的曲折和终结。

有鉴于此,当今世界政治名流中无论是美国总统奥巴马,还是俄罗斯总理普京,以及德国总理默克尔、越南总理阮晋勇等,纷纷借助网络塑造亲民形象。奥巴马在大选期间刻意到年轻人的时尚潮流网站主动出击,以拉近自己与年轻人的距离。结果30岁以下选民中有2/3的人投票给奥巴马,收效显著。任总统后他还推行了庞大的经济刺激计划,为了使计划在议会顺利通过,奥巴马向1300万支持者群发邮件:"亲爱的朋友,我希望在未来数周内将经济刺激方案写进法律,但我需要你们的帮助!"他还每天回复邮件,直接与民众联系,目的是"让人民知道他在想什么,以及让他知道人民在想什么"。

德国总理默克尔早在2006年德国举办世界杯期间,就在自己的网站中大谈世界杯,为自己赢得了超常的人气。她在自己的博客里,不仅记录例行的公务,还提供大量的生活照,营造软性一面的形象。以强硬著称的伊朗总统内贾德,也利用博客等与网民就一些敏感问题进行了直接沟通,改善了民众的印象,还赢得了不少国际网民的好评。

俄罗斯总理普京开设了个人网站，网民可以发送电子邮件得到相关的回答。越南总理阮晋勇自己与网民聊天，并要求政府各部门和地方的负责人要经常性地与人民进行网上交流，随时倾听人民的呼声。

（二）各国民众借力新媒体

各国政要在获得新媒体带来的利益的同时，也要接受来自新媒体平台上民众的监督和问询。监督的范围极为宽泛，问询的问题也是五花八门、形形色色，体现出国外信息公开的尺度以及舆论监督延展的程度。

在政策实施的监督层面上，民众是极为认真严肃的。奥巴马刚入主白宫，一家报纸便收集了他在竞选期间许下的约 500 个承诺，并在网上设立"奥巴马计表"，让成千上万的网民盯着奥巴马是否兑现、何时兑现承诺；普京曾与网民对话，各阶层的民众提了铺天盖地的涉及住房、劳资、卫生、社保等棘手的问题；越南总理与网民议政，网民提出的最受关注的问题是越南当局对腐败案件的查处进程。

国外官员贪污、受贿之类的似乎不多见，但生活不检点、操守不规范的问题常被新媒体曝光。1998 年，德拉吉在自己的博客上报道了克林顿与莱温斯基的暧昧关系，引起了美国乃至全球的巨大轰动，直接导致美国国会对克林顿进行弹劾；而所谓的"华盛顿宝贝"杰西卡·卡特勒，她在网上发表了与 6 个"国会情人"幽会的日记，吸引了众多读者，弄得国会脸面无光；法国总统萨科奇平时滴酒不沾，然而在八国峰会上与俄罗斯总统普京会晤时破例喝酒，其有些醉态的视频被百万网民观看，一些法国民众质疑其给国家丢脸。

当然，由于网民的构成三教九流，网民的爱好形形色色，因此，刻意追问和发掘政要隐私的现象也频频出现。普京召开网上记者招待会，网民提问最多的竟是普京的个人生活问题，问普京为何亲吻、何时初吻等；美国大选中的网络辩论，有的网民问奥巴马："你够黑吗？"问希拉里："你是否有足够的女人味？"提问貌似有些无聊，回答难免尴尬，即使是贵为总统、总理，他们也不能动用权力封住网民的口。

第 三 章　新媒体中的传播

　　人类的传播活动,从人际传播到大众媒体的传播,无一不是技术、社会、文化、市场等多种因素推动下的不断进步与融合。每一次发展,每一种新兴媒体的出现,都是对原有媒体的延伸和拓展。从书籍、报刊、广播电视,再到现在业已成为主流的网络新媒体,不仅出现了一种又一种不同的媒体形式,而且信息的传播结构与空间也发生了一系列的变化。比如,由以传者为中心的大众传播向以受者为中心的小众传播的方向转变等。随着媒体数字化和传播网络化的进程持续不断,网络新媒体对人类生活的影响也越来越深刻。同时,复杂多样的文化交流与生活方式的变革,也促使媒体传播的结构与方式发生深刻的变化。

　　考察人类的信息传播形态,任何媒体的信息传播都遵循基本的传播规律。信息从信息源产生后,通常由发布者通过特定的传播介质发布,然后信息经过固定的渠道到达信息接收者,接收者再对信息做出一定的回应。每一种传统媒体的革新,基本都着眼于加强传媒界质的效果、拓宽信息传播的渠道、丰富信息传播的类型。而其遵循的传播模式是固定不变的。技术的进步促进了媒体与传播的革命性变化,以往因媒体差异带来的传播方式区分在网络新媒体时代失去了意义。网络与新媒体完全融合了语言、文字、印刷、出版、电影、广播、电视等媒体,构建成了一种融合的传播形态。信息传播的模式也随之发生了相应的改变。

　　作为对现代社会影响广泛的媒体,其发展变化的动因,表面上看是出于技术的进步,但从社会整体发展的角度来看,网络新媒体的传播发展绝非简单的技术问题,需要综合考虑社会系统中很多因素,考量它在传播、营销、文化、社会等领域中所激发的意义与影响。

第一节　新媒体的传播模式

　　传播是一个从传者到受者的信息流通过程。在实际生活中,人类的传播活动具有普遍性,传播各组成要素之间相互联系、作用,但按照系统理论观点,它同时还是一个与社会大系统中各个组成部分发生多边关系的子系统,这就使得传播系统及其结构纷繁复杂。研究信息传播的基本过程,用系统理论观点下的模式化方法是一个好选择。用模式化方法去研究传播的内在结构以及构成的诸多要素之间的关系,能够使复杂的传播结构直观且简化,能够使无止境、循环往复的传播过程固定化、静止化,从而能够进一步认识和研究传播的特点与规律。传播学研究中使用模式化方法建构传播模式,实际上就是科学地、抽象地在理论上把握传播的基本结构与过程,描述其中的要素、环节及相关变量的关系。这种模式方法对传统媒体和网络新媒体的传播研究都简捷有效。

网络新媒体是建立在数字技术发展的基础之上的。但网络新媒体并非一种全新的、独立的媒体,它更多的是作为一种手段、载体、中介、技术平台,通过传播的内在过程,影响传播的方式、形式、形态或效果甚至理念,新旧之分只是相对的,媒体的数字化只是反映了传播的媒体表现形式的变化而不是对既有传播通道的取代。在传播的意义上,网络新媒体与传统媒体是一致的,都致力于对传播目的的深化和完善。

传播学一般将传播形态分为自我传播、人际传播、群体传播、组织传播、大众传播等。网络新媒体常见的信息传递方式有广播、组播、点播、P2P等。尽管在某些表现形式或运用方式上两者还有显著区别,但在传播特点上它们有着高度的一致性。大众传播可以说就是一对多(不知道确切的受众)的广播,群体传播和组织传播是组播,人际传播就是点播或者P2P。由此,网络新媒体的传播模式仍可以在传统媒体的传播模式中得到解释。

一、媒体传播的基本模式

(一)SMCR模式

SMCR 模式又称贝罗模式,其中 S 代表信息源 source,M 代表信息 message,C 代表通道 channel,R 代表接收者 receiver。SMCR 模式明确而形象地说明了影响信息源、接收者和信息传播的条件,说明信息传播可以通过不同的方式和渠道,而最终效果不是由传播过程中的某一部分决定的,而是由组成传播过程的信息源、信息、通道和接收者四部分以及它们之间的关系共同决定的,传播过程中每一组成部分又受其自身因素的制约。信息源是传播的起点;信息是需要交流传播的内容;编码器将信息译成可被传播的形式,这种形式通常是人类感官不能直接感知的;通道是用以从某地向异地传递信息的媒介或传输系统;解码器将编码过程逆转过来;接收者是传播的终点;介于信息源与接收者之间的反馈机制可被用于调节传播的流动;噪声指在信息交换过程中可能带入的任何失真或误差。

SMCR 是传播过程的一种基本模式，它简要分析了信息在从信息源→信息→通道→接收者然后返回到信息源地来回传递这一过程中的信息交流。此模式可应用于人类传播的所有形式。

从传播方式来看，人类社会的传播经历了口语传播、模拟技术传播和数字新媒体传播三个阶段。

（1）口语传播是典型的点对点、面对面的对话式人际循环传播。它提供了面对面的可观、可听、可感的交流情境，此时传播的主体互为传者和受者，成为传播的施动者。媒体使用的主要是口头语言和非口头语言如动作、眼神、面部表情等。人际传播的信息交换有了在场性，因而突出地显示了传播的本质。施动者间的传播不仅是双向的，而且是循环的，不一定有明确的过程。受传播施动者的生理限度以及时间、空间局限的影响，施动者之间传播的信息量小，信息范围狭窄，信息质量很难保证，因此很少能满足双方可接受的、接收能力范围内的信息量与质的需求。

（2）模拟技术传播阶段的显著特征是大众单向传播。如文字描述是对现实的模拟，难以做到对现实的完全复现。印刷技术是批量复制技术，它的产品很难被及时修改。电子模拟技术在不断的传播中容易使信息失真、扭曲。这些都是大众单向传播的基本特点。大众传播是媒体组织采用现代机器设备，大批复制并迅速传播信息，从而广泛影响受众的过程。这种有计划的、一对多的、大批量发散信息的传播，使人们能实现跨时空的、大范围的交流。但传统大众传播是单向性传播，信息反馈渠道不畅、反馈功能不强。大批经媒体组织编译、整理、复制的信息封闭式地传递给被简约化、同质化的受众，容易造成社会意识的单一化，形成对社会舆论的控制，传播效率难以进一步提高。

（3）数字新媒体传播阶段的最大特征就是大众互动传播。数字媒体的出现及其技术的不断创新与扩散，使得传统大众单向性传播迈入数字新媒体传播时代的新阶段。这个还处于继续发展中的阶段，其主导特征就是互动式传播，而且是大众性的双向互动式传播。网络新媒体传播融合了传统媒体的良好传播功能，在更高层次上体现了真正意义上的传播特性。

（二）奥斯古德—施拉姆循环模式

威尔伯·施拉姆（Wilbur Lang Schramm）在奥斯古德（Charles Egerton Osgood）的传播模式的基础上，提出了传播的循环模式。这一模式突出了信息传播过程的循环性，强调在传播中信息会产生反馈，并为传播双方所共享。另外，它对以前单向直线模式的另一个突破是：更强调传受双方的相互转化。它对传统的单向直线模式是一个补充。其缺点是未能区分传受双方的地位差别,因为在实际生活中传受双方的地位很少是完全平等的,所以这个模式虽然能够较好地体现人际传播尤其是面对面传播的特点,却不能适用于大众传播过程。

如果将这一模式与网络新媒体中的互动电视(如网络电视、手机电视等)传播过程相对照,就会发现它们之间有着惊人的相似之处。

无论是利用 SMCR 模式还是利用奥斯古德—施拉姆循环模式来表征数字新媒体传播的基本模式,都可以清楚地发现在数字新媒体的传播过程中,互动传播和即时传播是数字新媒体传播最显著的共性特征。因此,这些传播模式对研究各类数字新媒体传播具有较为基础和广泛的示范意义。

二、网络新媒体的融合传播

网络新媒体的融合传播是一个复杂且具高度综合性的问题,这在信息编码及传播介质两方面有充分体现。

由于新媒体是由各种数字化的元素组合而成的,只是在格式和码率上有所区分,在传播过程中,媒体的内容信息都是以数字化元素形式出现。比如,描述文字信息的文本元素与描述电视节目的声音和图像元素,在传统模拟传播时代有很大差异,但在数字化媒体中则没有任何本质上的区别,这犹如将不同的信息编码方式进行了统一,为在传播的根本环节上不同类型的媒体相互融通提供了实际的可能性。

传播介质方面也体现了网络新媒体传播的融合形态,由于数字传播技术介入媒体传播领域,不同的传播方式可以在同一个传输平台上实现。比如,借助数字交互技术,可以在广播电视网络中同时实现广播、组播和点播等,这种多样性的数字传播方式使得不同的传播方式整合成了一种数字媒体传播。

(一)新媒体内容的数字化

在技术层面上,由于数字技术的发展和应用,广播电视、语音、数据等信号都可以通过统一编码进行传输和交换,成为统一的“0”和“1”比特流。尼葛洛庞帝在其著名的《数字化生存》一书中就指出:在数字世界里,媒体不再是信息,它是信息的化身。一条信息可能有多个化身,从相同的数据中自然生成。所有传播的信息都可以通过“0”和“1”的组合形式表现出来,统一数字化的媒体抹平了众多媒体的差异,最后整合为一种传播媒体,也就是数字传播媒体。

从传播的历史进程来看,口语传播、文字传播、印刷传播、电子传播的发展是一个依次叠加的进程,在媒体数字化之后,这些传播活动方式可能在一个平台上汇集,即互联网传播。根据国际电信联盟对媒体的分类,感觉、表述、表现、储存媒体(如声音、文字、图形和图像),语音编码、图像编码等各种编码,硬盘、光盘等存储媒体,都可以整合到一台计算机中,使计算机成为一个综合性的传播媒体。

数字新媒体的传播媒体整合形态典型地体现在互联网等传播平台上。这种平台系统集声音、图像、数据于一体,并有按需存储和交互功能。信息的数字化涵盖会话、数字、文字、图形、音乐、电影和游戏等内容,使各种信息能被计算机储存、处理和传输。数据库里的信息和处理程序可以由其他用户自由访问、传送、直接使用或存储。另外,这种系统是交互式的,通过简单的设备,所有的信息站点和用户都能互联。用户可以与其他用户或站点相连,也可以从站点或其他用户那里得到直接或单独的回应。

（二）新媒体传播的数字化

人际传播是个体与个体之间的信息交流活动,因此交互性是人际传播的主要优势。但是,传统人际传播的范围非常有限,且传播资源也相对匮乏,这是人际传播天然的不足之处。

大众传播是指专门的传播机构通过特定的技术手段或工具向为数众多的、分散的受众进行的大规模信息传播活动。大众传播超越了人际传播及组织传播的局限,可以通过传播媒体把信息传播给为数众多的、地域分散的广大受众。但是大众传播是单向的传播,信息的及时反馈和交互无法实现,因此传播的深度和效果远不如人际传播。

在网络新媒体传播方式中,点播和 P2P 就是一种在数字技术背景下实现的新的人际传播,借助数字技术和网络技术,突破了传统人际传播的范围有限和资源匮乏的缺陷。大众传播方面,传统媒体数字化之后产生的数字电视广播、数字音频广播等,目前仍然是主流媒体。但是,随着数字新媒体技术的进一步发展与提升,这种数字化的大众媒体也突破了自身所具有的大众传播的局限和特质,不仅融入了组织传播的功能,还融入了更多的交互功能,也逐步呈现了人际传播的特质。

由此可见,网络新媒体的传播就是借助数字传播技术将人类社会的各种传播形态予以有机整合,充分发挥各种手段的优势,形成人类媒体传播的新形态。特别是人际传播与大众传播结合的传播方式,一方面提升了大众传播的深度,另一方面扩大了人际传播的范围和增加了人际传播的信息资源。正是这种高度整合的社会性传播,加快了信息传播的速度,提高了信息传播的容量,降低了信息传播的成本,加强了信息传播的效果,数字新媒体传播整合将成为当今数字新媒体传播的一种趋势、一种必然。

第二节　新媒体的传播特征与属性

通过对网络新媒体传播模式的分析可以发现，由于数字技术和网络技术介入传媒领域，原先各种传统媒体单一的传播特质发生了深刻变革，演变成为一种高度交叉或融合的社会性传播，从而显现出新媒体有别于传统媒体的特有的传播特征与属性。随着网络新媒体技术的进一步发展与应用，传统媒体不断数字化，新的数字媒体层出不穷，传媒服务平台日新月异，网络新媒体显著的传播优势会得到进一步的体现。

一、新媒体的传播特征

（一）数字化传播

数字媒体是由数字化的元素组合而成的，不同媒体形式之间没有实质差别，只有格式的区分。例如，一个电视节目的画面、声音只能是由多少码率的传输流组成。一个文字文件可以是 txt 格式，也可以是 PDF 格式。由于媒体的数字化，用来描述一张报纸报道的文本元素与用来描述一个广播电视节目的声音或图像元素没有什么本质上的区别。数字化的媒体可以实现更加简洁多样的传播，这样观众可以通过执行筛选、复制、下载、储存、添加、转发、搜索、链接、整合等程序指令把媒体元素打散，按照自己的需要进行组合以获取信息。

（二）复合化传播

复合化传播指网络新媒体的传播同时兼具自我传播、人际传播、组织传播和大众传播等不同的形态。早期的个人网站，后来的博客，再到移动端的微博、微信，网民发出信息，自己也浏览自己发出的信息，在这个过程中，信息的发出者和接收者是同一个人，它存在的反馈，是由人的自我感觉和自我意识构成的，这不就是自我传播吗？网络新媒体中的电子邮件、私聊，展示的是个人与个人之间的信息传播，体现了人际传播，由于网络突破了时间和空间的限制，其平台上的人际传播拥有了更大的广泛性、偶然性和多重性，甚至陌生网友之间的匿名性。很多单位、企业、公司都有自己的办公系统，加上 QQ 群、微信群，共同目标和协作意愿特别明显，这显然是组织传播的网络化。网站新闻栏目、网络新闻 APP、官微、微信公众号，它们拥有专业信息传播者，通过一定的机构和技术向大量分散、不确定的受众传播信息，完全展示了大众传播的面目。网络传播融合了自我传播、人际传播、组织传播、大众传播等诸多传播类型，也可以说这四种类型的传播交织纠缠在一起，形成一种散布型网状传播结构。

（三）积极性传播

从大众传播模式的分析可以看出，对受众来说，传统大众媒体基本是被动性传播，受众在传播过程中的作用往往只是被动接受，消极地扮演信息接收者的角色。无论是报纸、杂志等平面媒体，还是广播、电视等电子媒体，受众都处于同样的地位，传统媒介将信息"推"（Push）给受众。

而在网络上，受众自己选择"拉"（Pull）出信息。网络新媒体极大地提高了用户主动选择的可能性和可行性，新媒体的特性使主动化传播得到体现。比如，用户在阅读数字报刊时，可以随时发表自己的见解，提出补充或修改意见。也可以在观看视频时根据自己的时间安排和喜好，自由选择观看时间和方式。在观看体育赛事转播时，可以自由选择观看的角度（机位）和场面。另外，用户在计算机前可以主动地、不时地做出选择、发出指令，让计算机按照用户的意愿去工作。

（四）个性化传播

传统大众传播以群体化为取向，以满足大多数受众的需求为目的，提供给绝大多数受众的消费信息几乎一样，选择余地小且内容基本上是由传播者统一决定的。网络新媒体的发展使大众传播发生了根本变化。与传统媒体相比，新媒体的受众群变得越来越小，但是影响变得越来越大，甚至能参与内容的制造。

在从传统的大众媒体向交互的新媒体转移的过程中，受众的权利是递增的。传播权利变化和转移的结果使个性化传播逐渐兴起，并成为网络新媒体又一个典型的传播特征。一方面强大的新媒体技术使得大众传播的覆盖面越来越大；另一方面又可以使传播的指向性越来越小，实现窄播直至个人化传播，以至个人化的双向交流成为现实。正如尼葛洛庞帝在《数字化生存》中所论述的，在后大众传播时代（数字媒体传播时代），信息变得极端个人化，个人化是窄播的延伸，受众从大众到较小和更小的群体，最后终于只针对个人。

二、新媒体的传播属性

（一）交互性

在传播领域，交互常常被当作双向的同义词。交互传播一般指信息接收者能实时将信息反馈给信息源以修改传播内容。实际上人际传播的交互性是最典型的，谈话中两个人不仅轮流倾听对方,而且可以根据收到的变化信息及时调整他们的反应。传统大众传播也有一定的交互性,像报纸、杂志的读者来信,电台的听众热线,电视的现场参与等都包含了传授之间的交互性。

在网络新媒体中,由于计算机、智能手机、互联网等数字终端和网络技术的进步,媒体操作、处理、运算的性能得到了极大的改进和提升,交互响应越来越直接充分,有时甚至超越人的承受能力。比如,当用户查询某个资料、某条信息时,随即涌现出成百上千个选择,导致搜索者本人回应不及。网络新媒体优越的交互性还体现在它可以超越时空,并能提供多样化交互形式,如上网点击,回应的表现方式有文字、声音、图片、动态图像、影像等。在网络平台上,传授两方的反馈渠道不再薄弱,而是变得强大,往往还更有力、速度更快,传授纵向之间有反馈,且传授横向之间也有反馈,呈现出多元动态沟通的局面。

(二)人本性

传播作为一项社会行为,其根本目的是维护人的根本利益,促进社会的健康发展。最符合人的发展需要的信息传播,即人本性的传播,应该是自由的、充分的、便利的、有价值的和有意义的,能满足个人生活和社会活动所需要的种种思想和精神的共享与交流。在数字加网络的新媒体时代,更加重视人的需求和感受,个人通过互联网、手机可以随时进行信息沟通,人际传播的性质和优势得到凸显和强化,传统的、倾向于无差异的广大受众,开始分隔为趣味相投的或者利害相关的小众,如各种各样的网络社团、论坛群体、短信交友俱乐部等。在小众中,以某种共通的概念为表征,人们也许更容易找到志趣相投的伙伴,从而舒展个人的意愿及表达空间,促进社会的多元化发展。

数字新媒体传播的人本性也体现在因数字技术提供的保障和便利让使用者可以根据自身的个性需求而有针对性地、有效地接收和传播信息。保罗·莱文森(Paul Levinson)在《数字麦克卢汉——信息化新纪元指南》一书中对互联网等新媒体现象进行了深入的分析,认为在新一轮信息时代来临时,权力结构将面临巨变,数字时代打破了中央集权,人微不再言轻,个人角色因重新赋权而变得更重要。

(三)融合性

新媒体传播的融合性指所有的传播技术都快速地融合成一种普通的计算机可识别的数字形式。由于新媒体的基础技术是全世界一致的数字技术,信息传播可以轻易跨越媒体形态,甚至跨越国界。高性能的互联网络与数字电话、电子文件、计算机数据以及视频传输等自由结合,使每个人都能在家里享受到全球一致的信息传播服务。

美国南加利福尼亚州大学视觉艺术系教授列夫·马诺维奇在《新媒体的语言》一书中提出了其独到的软件媒体(Software Media)理论。软件媒体的特征是可计算、可编程。他认为在计算机时代,电影以及其他已经成熟的文化形式,已经真确地变成了程序代码。它现在可以被用来沟通所有形态的资料与经验,并且其语言被编码在软件程序、硬件设备的接口与预设状态中。通过数字的表现,一个物体按照一定的算法可以被数字化地描述,即媒体变成了可编程的媒体。旧媒体的重造依赖于原始的物体,而新媒体具有可变性,它允许读者可以选择性地组合要观看的内容。这样,新媒体成了计算机与文化之间的转换层(Transcoding)的中心,即文化的电脑化逐渐使不同的文化类别进行转换和融合。

(四)即时性

传播的即时性也称实时性,指传播过程中传播者和接收者在时间的流程中同时共存、即时响应。在传统大众媒体传播时,报纸和杂志由于印刷本身的限制,无法即时,但是广播与电视作为电子媒体却有实况直播,与受众可以同时共存。那网络新媒体的即时性跟它们相比优势体现在哪儿?1999年,南联盟使馆被炸案第一个报道的不是电视台,也不是通讯社、广播电台,而是新浪网。针对没有预设的事件、突发性事件,只有网络才能做到即时传播。尤其在移动网络已经普及的今天,智能手机、平板电脑如影随形,每一个突然事件的现场总有网友在场,即时传播总能实现。

(五)主动性

新媒体传播的主动性体现在使用者可以把媒体元素打散,并按照自己的需要进行组合,可以真正实现点播数字新媒体内容。比如,在数字电视播放时,用户可选择自己喜欢或需要的节目观看,也可以下载多个节目,然后通过剪接组成另一个节目样式。传统大众媒体传播是以"推"的方式发送信息,受众只能被动接受媒体推送的一切,而互联网上媒体传播要求受众用"拉"的方式获取信息,受众需要根据自己的喜好和需要,在信息海洋中挑选自己需要和适合的信息。很多网站采用门户方式允许用户选择一些想要的内容,如天气、体育、图片、新闻、电子邮件等。万维网上的搜索引擎使用户通过关键词来完成查询,预示着未来媒体可以由用户进行控制。

三、新媒体的传播优势

传统媒体的传播和发展,走的都是同质化的传播路径,把相同或类似的信息,毫无区别地传达给受众。传统媒体高度同质化的传播，不仅仅是同质化的内容不断重复传播，把传播对象也同质化，更重要的是在这种缺乏变异的传播过程中，受众被迫取消了个性，取消了独立意见的表达权，取消了参与意识，没有自主选择的余地。

数字新媒体的出现，首先带来的是海量信息，其次是互动性。两者都意味着某种程度上的自主选择权。信息传播在经历了传统大众媒体多年"点对面"式的集中传播后，又再次回归到传者与受者自主选择、自由定向的"点对点"式人际传播。这种无缝式的信息链接，是通过"点对点""点对面""面对点"和"面对面"四种典型化的数字新媒体传播模式有机融合而成的。在"点对点"的新媒体传播模式中，不论是信息本身，还是信息的传播者或接收者，都是高度差异化的。

异质化传播是数字新媒体的本质优势，创造了一种新的个体化的公共媒体，建立了技术化的人际传播结构，历史性地提供了异质化信息的全球化传播。数字新媒体还原了人在大众化信息传播中的本体性，人不再被当作无差异的某个整体，这在人类历史上具有很重要的现实意义。

（一）传播损耗趋零

在传统媒体传播实践中，传播过程中的信息损耗难以避免。在传统大众媒体中，信息从制作者、传播者，最后到受众那里，经过了多次损耗（尤其是广播电视媒体传输环节的损耗最大），不能实现完全的真传播。这里的损耗既包括信息传输过程中的物理性变异、衰减，也包括对传播的信息内容所做的事实判断和价值判断，如编辑、审查等环节的影响。与传统媒体相比，新媒体在传播上的优势是信息在传递过程中几乎没有损耗，因为数字信号不容易被干扰或更改，只要基本的"0"和"1"模式仍然能被识别出来，原始的传送就能被还原。而且新媒体在很大程度上消解了传统媒体的权威性和把关人环节，信息传播过程中被人为干预或扭曲的可能性也大为降低。

（二）海量信息

传统媒体传播的信息量总会受到传媒介质特质的局限，达到基本限度后，哪怕想要在传播中增加少量信息，都需要付出更高的代价。如报社采取扩期、扩版的方式增加报纸容量，电视台则增加频道和播出时间，代价高昂，但成效非常有限。新媒体的介质采用数字化编码并使用数字化压缩技术，这样不但提高了信息的传播质量，也增加了信息存储容量和传输时的信道容量。网络中的超链接（Hyperlink）是一种非线性的信息组织方式，它被设计成模拟人类思维方式的文本，即数据中包含了与其他数据的链接，用户单击文本中加以标注的一些特殊的关键单词和图像，就能打开另一个文本，受众由此可以拥有前所未有的巨量信息，并且随时随地根据自己的需求和意愿，进行信息的多向传播。

（三）便利快捷

网络新媒体上的信息能够以接近光速的速度进行传播，更快更便利地到达受众，不受气候、环境以及地理因素的影响。数字新媒体的日益普及为人们提供了更多方便快捷的信息接收渠道和信息传播途径。以手机的发展为例，保罗·莱文森在其著作《手机：挡不住的呼唤》中认为手机的出现为人类的传播带来了极大的福祉。人类有两种基本的交流方式：说话和走路。但是，自人类诞生之日起，这两个功能就开始分割，直到手机横空出世，将这两种相对独立的功能整合起来，集于一身。手机之前的一切媒体，即使是最神奇的电脑也把说话和走路、生产和消费分割开来。唯独手机能够使人一边走路一边说话。于是，人就从机器跟前和紧闭的室内解放出来，进入大自然，漫游世界。无线移动的无线双向交流潜力，使手机成为信息传播最方便的媒体。

（四）成本低廉

尼葛洛庞帝认为，新的传播媒体带来的一个变化是新技术删减了很多媒体机构中的中间层面的组织，并且将大众传媒业重新精简为小型的作坊行业。当然，大型的媒体公司仍然存在，实际上它们会变得比以前更为壮大，但是生产一种媒体产品所需要的人力却大大缩减了。例如，在一台计算机上编辑出版一些资料，不论是新闻简讯还是图书、杂志，只要一个人就足够了。由于数字技术的支持，一个人利用一台功能强劲的计算机可以制作一部完整的电影，而无须摄影棚、道具背景甚至演员。便携式摄像机、声频录音机和数码编辑器使得制作人足不出户便能创造出形形色色的"生命"。

从传播成本上来看，通过网络新媒体传送和收受信息的成本也日益走低。数字化信息在传递中几乎没有损耗并且可以重复利用，这样可以节省大量的资源，受众利用信息而付出的成本也随之降低。

（五）多媒体传播

多媒体技术的应用是数字媒体融合发展的典型表现形式。数字及网络技术使新媒体的信息源内容及形式更加丰富多样，文本、图片、音频及视频糅合成一个媒体传播产品，成了当前新媒体传播的常态。文学作品有语音版本，新闻报道不仅有图片还有视频。对此人们已经习以为常。同时，多媒体综合传播还允许受众在接收信息时自行编排，重新组合成自己喜欢的结果。如将影视作品剪辑成恶搞视频、把喜欢的明星做成表情包等。这样一来，传播内容可以在文本、图形、图像和声音等信息间建立逻辑连接，能以不同的方式述说同一件事情，各种不同的人类感官经验都被触动。如果第一次传播的时候用文字，受众没明白，那么换个方式，用照片、图形、图解，若受众还有疑惑，则使用视频动态演示，信息内容在媒介的流动中得以整体、立体地展现。

第三节　新媒体背景下的经典传播理论

一、新媒体传播与"把关人"理论

1947年美国社会心理学家库尔特·勒温发表了关于如何决定家庭食物购买的《群体生活的渠道》，最早提出了"把关人"概念，此后传播学者怀特在1950年将其引入新闻研究领域。

社会上存在大量新闻素材，大众传媒的新闻报道不是也不可能"有闻必录"，而是一个取舍的过程。在这个过程中，媒介组织形成了一道"关口"，通过它传达到受众那里的新闻只是众多新闻素材中的少数。对新闻素材进行取舍、筛选、过滤，决定报道什么事、采访什么人、传播什么消息、何谓重大新闻、版面和节目如何编排等就是新闻把关。新闻筛选的"把关"模式：S → N1-N2=N3 → M（S：信息源；N1：新闻；N2：舍弃的新闻；N3：选择的新闻；M：受众）。

影响"把关"的因素，从意识形态开始，到政府再到经济团体，然后是传播价值，往后是媒体，最后到媒介从业人员，由此可以看出"把关"是一个从宏观层面到微观层面的过程。

在网络新媒体环境下，它的无中心性、开放性、匿名性、散播传递方式、价值多元化等都在摧毁传统意义上的"把关人"。从全球范围来看，人们可以自行选择内容的自由度大大增加，这意味着"把关"的减少，"把关人"理论被削减；但是，正因为网络所提供的内容大大增加，这就意味着需要对此有更多的筛选，即"把关"。当组织行为减少时，个体的力量会凸显出来。因此，我们发现在新媒体背景下宏观层面的"把关"相对减弱，而微观层面的"把关"却相对增强，即对受众个体的要求更高了。无论是信息的发布还是信息的接收，受众都需要做好自我"把关"，才能对网络新媒体进行更好的利用。

二、新媒体传播与"议程设置"理论

议程设置的基本思想来自美国的政论家李普曼（Lippman，1889—1974）。他在《舆论学》一书中说："新闻媒介影响我们头脑中的图像。"无论是媒介现实还是人们头脑中的主观现实都有别于客观现实，即非现实的原生态。1968年，麦库姆斯（McCombs）和肖（Shaw）以美国总统大选为题进行了早期的量化研究，并于1972年在民意季刊上发表了《大众传媒的议程设置功能》一文。

文中表达了这样一些观点：大众媒介往往不能决定人们对某一事件或意见的具体看法，但是可以通过提供信息和安排相关的议题来有效地左右人们关注某些事件和意见；大众传媒对事物和意见的强调程度与受众的重视程度成正比；媒介议程与公众议程对问题重要性的认识不是简单的吻合，而是与其接触传媒的多少有关，常接触大众传媒的人的个人议程和大众媒介的议程具有更多的一致性。"议程设置"理论暗示了这样一种媒介观，即传播媒介是从事"环境再构成作业"的机构。

网络传播时代来临后，麦库姆斯和肖在1999年提出了新假设——"议程融合论"（AgendaMelding）。在其论文《个人、社群和议程融合：社会分歧论》一文中，他们首次提出了新的议程融合的模式。在2000年传播效果研究国际学术研讨会上，肖和他的两位助手又提交了《公共议程的衰落：个人怎样与媒介融合以形成新的社群》，对"议程融合论"做了进一步的阐释，这标志议程设置功能研究从媒体层面转向密切相关的社群和个体层面。

网络环境下，议程设置通常是这样一个过程：信息源（事件）刺激个体，个体直接做出判断，并通过新媒介完成个体议程设置；上传网络分享，进入社群，通过反复讨论、评判、博弈、修正，议程被赋予更新的意义和价值，形成社群议程设置；议程也可能进入另一个社群，形成社群间的共鸣，形成社群间的议程设置；众多媒介介入，从单一媒介的议程设置，扩展到多媒介的议程设置。

网络中的大众媒介议程包括三个部分：个体议程、社群议程和媒体议程。它的特点是：

（1）新媒介是重要的平台。

（2）个人议程在很多情况下成为议程设置的激发点和归宿点。

（3）社群议程发挥了核心作用。

（4）促成个体议程设置在社会层面得到解决。

网络提供给人们议程设置的权利和权力，消解了媒介在议程设置中的权威地位。网络新媒体传播让"议程设置"理论发生了变化，这种变化除了上面所说的正面影响

外,也存在一些负面作用:

(1)有价值议题的流失:信息的泛滥带来了阅读的困难,那些有意义的信息可能得不到受众的注意,也没有进一步成为议题的可能,不少本应成为议题的信息湮没在大量的垃圾信息当中。

(2)议题的失真:在网络中发布信息具有很大的自由度和随意性,缺乏必要的过滤、质量控制与管理机制。

(3)网络舆论暴力的产生及舆论引导困难。

第四章 新媒体的独特传播机制

第一节 新媒体传播模式的新特征

信息的传播过程是一个多要素互动的动态过程，对其进行认识与研究存在着相当大的难度。为了方便起见，不少学者采用建构模式的方法，对传播过程的结构和性质做了各种各样的说明。所谓模式，是科学研究中以图形或程式的方式阐释对象事物的一种方法。这种方法具有双重性质：模式与现实事物具有对应关系，但不是对现实事物的单纯描述，而是具有某种程度的抽象化和定理化性质；模式与一定的理论相对应，又不等于理论本身，而是对理论的一种解释或素描，因此一种理论可以有多种模式与之相对应。模式虽然具有不完全性，但它是人们理解事物、探讨理论的一种有效方法。正因如此，在传播学研究中，模式的使用也是很普遍的。

一、非线性的传播模式

单向线性的传播模式是以传播者为起点，经过媒介，以受传者为终点的直线性传播过程。传播学四大奠基人之一的哈罗德·拉斯韦尔最早在《传播在社会中的结构与功能》中提出了"5W 模式"，即谁（Who）、说了什么（Say What）、通过什么渠道（in Which Channel）、对谁说的（to Whom）、产生了什么效果（with What Effects）。很多传播学者也认为这个模式有助于组织和规范关于传播问题的讨论，米夏埃尔·比勒称赞"拉斯韦尔第一次准确描述了构成'传播事实'的各个元素"。这个线性模式反映了传播的基本过程，并被用于构造有关传播研究的基础，为后来许多模式的建立奠定了基础。在报纸、广播和电视等的发行和播出系统中，传播媒体基本都遵循"5W 模式"的传播模式，采用单向线性的播出形式。传播者在传播过程中担负着信息的收集、加工和传递的任务，将传播的信息内容，编码成一组由符号组成的信息组合，通过信息传递所必须经过的中介或借助的物质载体渠道，传递给受众，如读者、听众、观众等，他们是传播的最终对象和目的地，信息到达受众后在其认知、情感、行为各层面所引起的反应，是检验传播活动是否成功的重要尺度。线性传播关系就是两点之间的"一线牵",这种无间断性和方向确定性的播出形式就是已经延续了几十年甚至上百年的线性传播,构成了传受双方的单向线性传播关系。

随着信息传播的发展,人们很快注意到不同传播形态下的"反馈"与"双向互动"的问题,开始对单向直线性的传播模式进行补充和修订。维纳在《控制论》(1948)中,用自动控制的观点研究了信号被噪声干扰时的信号处理问题,形成了信息控制模式,提出了"控制"与"反馈"的概念,第一次表明信息传播的双向性特质。德弗勒在香农·韦弗模式的基础上发展了互动或环型模式,在《大众传播理论》(1966)中提出并做了诠释,引入了反馈环节,并延展了噪声的概念,认为噪声在传播的每个环节都会产生影响。传播互动或环型模式的结构呈现了信息交流的复杂性和真实性,展现了传播的双向互动过程,显示了信源获得反馈的途径。这种反馈使信源有可能不断改进传播方式以更有效地适应信宿,从而增加两者之间达到一致的可能性。

二进制的数字技术和网络技术的发展,有力地促进了新媒体的传播和发展,为信息的传递带来了划时代的传播革命,双向或互动的非线性传播形式更是成为新媒体传播的重要特征。相较于传统媒体的单向和线性传播,新媒体的传播则是双向的、非线性的,强调受众自主选择和反馈。非线性的传播模式借助于网络技术和检索技术的进步,在信源与信宿之间通过新媒体的传播渠道产生信息的控制和反馈,实现实时的交互控制。新媒体非线性的传播模式能满足用户对媒体开放性的要求,意味着两个或多个传播参与者彼此进行意见交换与协商,包括传播的信息反馈和调控传播行为,同时也包含传者和受者之间的角色互换。信息在这种传播活动中往返流动,参与者共同创造和分享信息并建构信息的传播流通渠道,信息传播者和信息接收者的身份在新媒体的交互环境中实现统一,成为信息的参与者,而不再有信息传递的主动者和被动者之分。

二、自媒体传播的表现形式

技术的进步给传播带来了重要的影响,网络、手机等分众传播工具的出现,更是改变了传统的传播模式,信息接收者开始掌握传播的主导权,传播以渠道为核心,由信息接收者被动地参与信息的传播过程变为主动地参加。尤其是 Web2.0 的出现开启了一个"用户中心论"的时代,除数字信息的传播速率得到提高外,上传、分享与建立连接关系更是成为信息传播时代的重要标志。使用新媒体的人们比以往更像一个信息传播的生产者,而不仅仅是消费者。信息传播者和信息接收者的身份变得模糊,当他阅读时,他是受者,是信息消费者;当他阅读信息并上传相关内容以寻求更多的"聚众"支持时,他是传者,是信息发布源,或者是信息生产者。这些传播身份的变化都表明传播开始呈现一种自我传播的状态。

新媒体的许多服务功能都具有自我传播特征,因此传播学者在分析网络博客发展过程时引入了一个新概念——"自媒体"(We Media)。维基百科对自媒体的定义是:在网络技术,特别是在Web2.0的环境下,由于博客、微博、共享协作平台、社交网络的兴起,使每个人都具有媒体传媒的功能。2003年7月,美国新闻学会媒体中心出版了由谢因·波曼与克里斯·威理斯联合撰写的"We Media"(自媒体)研究报告,该报告对"We Media"(自媒体)下了一个十分严谨的定义:"We Media是普通大众经由数字科技强化与全球知识体系相连之后,一种开始理解普通大众如何提供与分享他们自身的事实、新闻的途径。"主要指私人化、平民化、普泛化、自主化的传播者,以现代化、电子化的手段,向不特定的大多数或者特定的单个人传递规范性及非规范性信息的新媒体的总称。

三、草根文化的传播盛行

美国硅谷著名IT专栏作家丹·吉尔默的著作"We the Media"中的副标题即为"草根新闻,源于大众,为了大众"(Grass roots Journalism by the People, for the People),充分体现了自媒体传播的草根情结。草根直译自英文的grass roots,是指同主流、精英文化或精英阶层相对应的弱势阶层,他们分布的范围广泛而且生命力顽强,普遍生活在社会中的每一个角落。在主流媒体文化盛行的时候,他们属于传播媒介中信息的被动接收者,很难在主流媒体面前发出自己的声音、讲述自己的观点。在传播学研究中,德国女传播学家诺埃勒·诺依曼(Noelle Neumann)在20世纪70年代提出了一种描述舆论形成的理论假设——"沉默的螺旋"理论,她认为人们在表达自己的想法和观点的时候,如果看到自己赞同的观点,并且受到了广泛欢迎,就会积极参与进来,促使这类观点迅速扩散;而当他们发觉某一观点无人或很少有人理会(有时会有群起而攻之的遭遇)时,即使自己赞同它,也会保持沉默。意见一方的沉默造成意见另一方的增势,如此循环往复,便形成一方的声音越来越响亮,而另一方越来越沉默的螺旋发展过程。在报纸、广播、电视等传统媒体传播信息的时代,居于强势的媒体所发出的声音就代表主流的意见,受众很难在这种情况下逆势而为,表达自己的观点和看法。

随着博客、微博、网络社区、论坛等网络服务功能的不断强大,以及平板电脑、手机等终端设备的便捷发展,一部分群体通过共享的网络平台,表述一种非主流、非正统、非专业的观点,他们区别于那种高高在上、唯我独尊的正统的、主流的、说教的声音,有其独立的观点和独特的看法。我国著名新闻传播学者喻国明将这种特征概括为"全民 DIY"，"简单来说，DIY 就是自己动手制作，没有专业的限制，想做就做，每个人都可以利用 DIY 制作一个表达自我的'产品'"。

四、民间舆论场的声势浩大

在我国，较早提出舆论场概念的是清华大学的刘建明教授，他认为："所谓舆论场，正是指包括若干相互刺激的因素，使许多人形成共同意见的时空环境。"这里提到的"若干相互刺激的因素"，主要指的是舆论场内外的各种支配力量。而随着新媒体的普及和应用，其传播形式的自由性和开放性极大地激发了公众的知情权和参与权，纷纷通过论坛、微博、微信等新媒体的传播平台发表言论，表达自己的观点，网民的参与热情和活跃度达到了前所未有的程度。不论是国际、国内发生的重大政治事件、社会公共事件，还是个人生活琐事，都有可能在网络中被传播。人们可以便捷地利用新媒体的平台发表意见，监督政府的公共管理，逐渐形成强大的民意汇集，产生强大的社会舆论压力，达到政府部门和社会机构都无法忽视的程度，互联网已经成为思想文化信息的集散地和社会舆论的放大器。

上海复旦大学著名学者童兵教授这样形容民间舆论场，"坊间舆论场生成和传播的舆论，是自发的、分散的、自由的，一般情况下是无组织且任意流动的，它所反映的常常是百姓的心声，讲述的是个体的生存状态"。新华通讯社原总编辑南振中认为，在新媒体的传播平台上，不仅存在着一个以体制内媒体为核心的主流舆论场，还存在着一个以社交网络、QQ 等新媒体传播为主的"民间舆论场"。他将由党报、国家电视台、国家通讯社等传统主流媒体形成的舆论场称为"官方舆论场"。2013年1月，《中国记者》刊登了对南振中的访问稿《再谈"两个舆论场"》，访谈中他说："在一定意义上，'民间舆论场'与其说反映的全是事实，不如说更多地在表达某一群体的强烈愿望，所传递的信息、发表的言论带有明显的感情色彩。"

尤其是在社会转型的特殊历史时期，各种社会矛盾凸显，民间舆论场的作用更是不言而喻。在互联网出现之前，传统主流媒体的信息发布和新闻报道不仅代表党和政府的立场，也承担着舆论监督的责任和义务。因此，新闻和信息从源头、深度挖掘、文字创作到制作传播等整个过程中，是绝对不能出现差错的，也正因为这种严肃和严谨的态度，使得信息发布和新闻报道的事实性得以保证，使得新闻的生产过程复杂而烦琐。相反，民间舆论场体现了"全民记者"的时代特征，手机就是"全民记者"的麦克风、摄像机、录音笔，只需依托无处不在的网络，就可以在新媒体的平台上发布所见所闻，表达自己的观点和看法。而且大多数观点和看法都是网民的心声，来自最底层生活的普通百姓，这些舆论意见"接地气"，很容易引起其他网民的共鸣，获得大多数人的支持和关注。同时，民间舆论场的"全民记者"在发布信息时程序简单、便捷，信息发布随意化、碎片化，加之公众的盲从心理，使得公众很少对信息或事件进行认真查证，民间舆论场一旦形成，就会声势浩大。

五、传统"把关人"的功能受到影响

"把关人"理论起源于美国，1947年，著名社会心理学家、传播学主要奠基人之一库尔特·卢因在《群体生活的渠道》一书中说："信息总是沿着含有门区的某些渠道流动，在那里或是根据公正无私的规定，或是根据'守门人'的个人意见，对信息或商品是否被允许进入渠道或继续在渠道里流动做出决定。"他认为信息沿着包含着"门"的某些渠道传播，传播能否顺利进行总以"把关人"的意见作为依据。"信息传播网络中布满了'把关人'"，他认为在群体传播过程中，存在着一些"把关人"，只有符合群体规范或"把关人"价值标准的信息内容才能进入传播渠道。"把关人"在信息的传播者与受众之间扮演着中介的角色，筛选信息，使其继续传递或者中止传递。20世纪50年代，传播学者怀特将"把关人"概念应用于新闻研究，提出了新闻传播过程中的"把关人"模式。在新闻传播过程中，传统的大众媒体形成一道关口，对新闻信息有目的地取舍和选择，再将新闻信息传达给受众。1991年，美国传播学者帕麦拉·休梅克出版著作《把关》，从大众媒介传播学的角度系统总结了"把关人"理论。在传统大众媒体时期，媒介作为"把关人"对信息内容的控制能力是非常强大的，前后要经过记者、编辑和规章制度三道关口，在实施一整套严格的把关程序之后，通过媒介传递的信息内容是严格符合群体规范和主流价值观的。在这种传统的"把关人"模式下，主流舆论的传播和引导是相对比较简单的。

随着新媒体时代的到来，互联网、手机和移动终端等新媒体传播呈现出独特的传播特征，这不仅改变了传统媒体营造的舆论环境，也对信息的传播格局产生了深刻的影响，传统的"把关人"理论在新媒体的传播环境中受到了重大的影响。相较于传统媒体的层层审核和严格把关，新媒体的准入门槛比较低，信源可能来自最普通的受众，而且受众可以直接参与到信息的传播过程中，从信源、传播到反馈都有普通受众的参与。新媒体的这种传播模式打破了原来传统媒体对信息的垄断，使一部分话语权转移到普通受众手中，而且由于传播渠道的自由和开放，缺少政府或传统主流媒体对信息内容和信息传播的把关，使得信息能够在新媒体环境中呈现几何级的扩散，传统的"把关人"在新媒体信息传播中被大大削弱了。

新媒体环境中的"把关人"的缺失，导致一些信息内容良莠不齐。尽管国家对新媒体的监管力度不断加大，一些新媒体企业也在技术方面通过设定关键词等方式对新媒体上发布的内容进行筛选，尽可能对一些极端的、错误的言论进行删除，但是由于新媒体传播的即时性、互动性，公众参与信息制造的数量太多，而且信息的传播速度太快，传播效果和传播规模已经与传统媒体不可同日而语，特别是对一些公共危机事件和突发事件，新媒体的传播速度远远超过了传统媒体，如果政府或传统媒体没有及时对外发布官方权威消息，网上的言论和意见就可能在短时间内铺天盖地，各种真实的、虚假的、善意的、恶意的、理性的、偏激的言论和意见都充斥其中，让人目不暇接、难以区分。

比如，2014年8月3日发生的云南鲁甸地震，在政府积极救灾、新媒体传播平台上不断发布与抗震救灾有关的信息时，一则内容为"职中学生，刘冻雪，请速到鲁甸县医院，妈妈在地震中伤得很严重，姐姐号码是13751977218"的信息，在微博、微信中传播开来。网友纷纷转发这条寻人消息，表示一定要帮忙找到这名女孩，但网友在积极帮忙寻找女孩的过程中，发现该号码根本不在云南，这是一条虚假消息，随后不少官方微博、微信纷纷辟谣。

有关云南鲁甸地震的谣言无论是在传播广度还是影响力，都明显降低，传播面也不大。这种变化，与政府部门的及时监测和处理有很大关系，人民网舆情监测室舆情分析师齐思慧认为："本次鲁甸地震中，有关部门对谣言的处理可用及时、权威来形容。"在鲁甸地震中，多数谣言在传播初期即被监测到，对于重大谣言也在一日内被权威部门辟谣。

除政府部门的及时作为外，鲁甸地震期间的谣言少，还有一个重要原因是网友自觉充当了"把关人"的角色。传统的"把关人"理论通过传统媒介来实现，对信息进行筛查和屏蔽。而在新媒体的传播环境中，并没有某一个人或组织作为专门的"把关人"。网络传播空间的清朗有序，与网友自觉抵制谣言传播有着不可分割的关系。比如，"寻找刘冻雪"这则谣言在QQ、微博、微信等社交平台被转发的当天，就遭到大量网友举报，政务微博、主流媒体微博、微信等纷纷辟谣，从而及时遏制谣言传播，避免了网络谣言泛滥形成"次生灾害"。

可见，提高新媒体环境中应对舆论的能力，除了政府部门的及时作为和传统媒体的社会监督之外，众多素质良好、独具慧眼的网民功不可没，他们才是新媒体环境中无处不在的"把关人"。只有他们积极参与和抵制，才能屏蔽不良信息、打击网络谣言，才能保持新媒体传播环境的风清月朗。

第二节 新媒体传播情境中的受众分析

信息传播的对象大多是社会上的一般大众,用传播学术语来说即"受众"。传播学中的受众主要是指大众传播媒介的使用者、信息传播的接收者。受众既是信息传播的"目的地",也是信息传播过程中的主要参与者和信源的反馈者。受众的广泛性,意味着媒体的传播是以满足社会上大多数人的信息需求为目的的传播活动,具有跨阶层、群体的广泛社会影响。在大众传播模式下,受众通常包括报纸的读者、广播的听众、电视的观众等。

但随着新媒体的不断发展,传播学传统的受众理论必然受到影响。受众理论在20世纪60年代从"传者中心论"转变为"受众中心论",受众不再是媒介传播的被动接受者,不再消极地接收信息内容,而是主动地寻求信息为己所用,这就是所谓的受众本位意识论。20世纪90年代,随着市场经济体制的逐步建立,"眼球经济"成为市场中的一种重要手段。在信息化社会的推波助澜之下,电视需要"眼球"、杂志需要"眼球"、网站更需要"眼球",媒体吸引受众的注意力比以往任何一个时候都要急迫。

因此,无论是传统媒体还是新媒体,都需要对受众进行分析定位。只有这样,才能在激烈的媒体竞争市场中准确定位,为特定的受众群体服务,这是一个关乎生存的问题。尤其是新媒体的传播发展,不仅是技术的革新问题,还要受社会的发展、受众的需求等各方面因素的影响。

一、受众结构细分

在新媒体的传播情境中,"受众"的概念已经发生了根本性的改变,他们不再是传统意义上被动接收信息的群体。对新媒体的受众进行细分,可以掌握不同类型的受众在接收信息过程中的活动规律,为新媒体的传播活动提供有力的依据,从而提高政府传播的针对性和有效性。

(一)性别构成

在互联网发展之初,网络几乎是男性的世界,但随着互联网和移动媒体的普及与发展,男女上网比例开始趋于平衡。1997年,国家主管部门研究决定由中国互联网络信息中心(CNNIC)牵头组织有关互联网单位共同开展互联网行业发展状况调查,自1998年以来,中国互联网络信息中心(CNNIC)形成了于每年1月和7月定期发布《中国互联网络发展状况统计报告》的惯例。综合分析1997—2014年的历次调查结果可知,截至 2014 年 12 月,中国网民男女比例为 56.4∶43.6,近几年基本保持稳定。

从总体上来看,女性的上网比例在逐年增加。分析变化的原因,和女性受教育程度、社会角色与社会地位的变化有关。了解网民的性别比例,可以依据男性和女性的不同需求、心理和行为习惯,为信息传播采取相应的服务策略。

（二）年龄结构

分析网民的年龄结构变化,可以明确活跃在新媒体环境中的人群比例,从而根据此阶段的年龄特点,有针对性地采取相应的服务策略。比如,中国互联网络信息中心（CNNIC）每年对网民年龄的数据统计显示,18~40 岁的中青年人,构成了中国网民的主体结构。这个年龄段的群体,思维活跃、精力充沛,乐于参政议政,习惯于在新媒体的舆论中发表自己的观点、阐述自己的个性化主张,热衷参与政府的各项管理和服务事务,对政府的施政布政和舆论传播都有积极影响。但自 2000 年以来,18 岁以下的网民出现了比例激增的情况,低龄网民所占上网比例开始增加,这也预示着网络环境开始影响我国的青少年,而大多数的新媒体平台还对此缺少了解,没有及时采取针对这一年龄段人群的服务策略。

从 1997—2014 年的统计数字可以看出,18~40 岁的中青年人,是新媒体平台上最活跃的群体。以 2014 年的统计数据为例,我国网民 16~39 岁的年龄段比例合计达到 78.1 %,其中 20~29 岁年龄段的网民占比最高,达到 31.5 %,这个年龄段的群体,思想相对比较活跃,既能够接受新鲜事物、接受新思潮,又能独立做出判断。但由于是年轻人,同时又比较容易冲动,容易受到网络上一些错误信息的蛊惑,从而做出不理智的行为。

（三）文化程度分布

文化程度的高低,也能影响新媒体环境中受众的结构比例。尤其是在对政府的参政议政方面,文化程度的层次分布更能体现他们的兴趣和关注点。根据社会心理学的调查,教育程度对受众在信息的选择方面有着非常明显的影响。一般来讲,文化程度越高,摄取各类时政信息的比例越高。中国互联网络信息中心（CNNIC）每年对受众文化程度调查的数据统计显示,具有大中专学历的群体,是目前中国网民的主要人群,无论是国内外的形势政策、时事新闻、社会民生,还是财经话题,都有广大的浏览群体。

随着各类新媒体应用的发展和普及,人们利用新媒体平台获取信息的比例越来越高，互联网、移动终端等新媒体已经成为人们工作、生活、学习中必不可少的组成部分，人们对新媒体的依赖程度越来越高。中国互联网络信息中心（CNNIC）于2015年1月发布的《第35次中国互联网络发展状况统计报告》显示，学历层次越高的人对网络的依赖程度越高，小学及以下网民中有44.9%的人比较或非常依赖互联网，大学本科及以上的网民中这一比例达到63.9%。这一现象表明，网络已经成为社会精英、白领阶层的工作、生活和学习的基础元素。因此，无论是政府的网站信息还是政务新媒体发布的信息，都要着重考虑对这部分文化程度人群的传播策略。

（四）受众的职业结构

在新媒体的传播理论与实践中，传播者不再局限于传统媒体，而是大众传播学中的受众，受众不再位于信息传播链的末端，而可能居于信息传播链的首端。因此，"去中心化"是新媒体传播的基本属性之一，主体和客体之间的相互作用、认知机能的不断平衡、认知结构的不断完善，使得普通的个体能从以自我为中心的状态中解脱出来。网络空间提供给公众一个平等表达自己意见的"新公共领域"，每一个人都可以在这个领域发表自己的意见。因此，细分受众的职业结构，我们可以看出哪种职业的公众更愿意畅游在新媒体的信息海洋中。中国互联网络信息中心（CNNIC）于2015年1月发布的《第35次中国互联网络发展状况统计报告》显示，学生和个体户／自由职业者在网民中所占比例较高。

根据统计结果，我们可以看出，学生和个体户／自由职业者占网民的比例较高，学生群体思维活跃，恰好也是网络评论的积极参与者。企业／公司一般职员和个体户／自由职业者的群体较为庞大，是社会最基层的劳动者，也是最能体现民情民意的群体，开放的网络空间为他们提供了发表言论的重要场所，开启良好、通畅的新媒体对话空间，有助于缓解社会矛盾，促进社会的和谐稳定。因此，近年来，我国政府一直积极提倡和引导公众通过网络参政议政，利用"新公共领域"通道评论时事、反映民生、建言献策，新媒体已经成为推进社会主义民主政治建设的重要力量。

二、受众需求动机分析

在信息时代，人们获取信息的方式有很多种，而网络以其海量的信息资源共享优势成为人们获取信息的主要渠道，人们对信息的获取主要基于两类需求动机。

（一）内在需求动机

美国著名心理学家布鲁纳认为，人们的学习过程是主动发现认知结构的活动，即占主导地位的是内在动机，而不是诸如等级、奖赏、竞争之类的外来因素。我们做任何事情都需要动机，布鲁纳认为学习动机是人们爱好学习的内部条件。好奇的内驱力、胜任的内驱力和互惠的内驱力，是三种基本的内在动机，这三种基本的内在动机具有自我奖励的功能，其效应力是持久的。

　　传统媒体时代的相关研究也已经表明，人们对媒体需求的表象下面，隐藏着复杂的内在需求动机。大众传播学的研究效果主要从传播者或媒介的角度出发，考察信息传播是否达到了预期目标或对受众产生了什么影响。而在新媒体的传播环境中，研究的重点不是传播者的信息传播是否对受众产生了什么影响，而是受众为什么要主动接触新媒体的信息传播，受众心理的变化就源于他们的内在需求动机，也就是"使用与满足"的关系。1959年，卡茨在《大众传播调查和通俗文化研究》中首次提到使用与满足研究。1974年，卡茨、布拉姆勒、格里维奇的经典论文《个人对大众传播的使用》总结了当时对使用与满足领域的研究，认为使用与满足研究指的是：需求的社会和心理起源；人们的需要；需求产生的期望；期望指向的大众传播媒介或其他来源；这些来源引向对不同形式媒介的接触（或参与其他活动）；由接触引起需要的满足；与满足同时产生的其他后果，也许大多是无意获得的结果。"使用与满足"是一种受众行为理论，主要是从受众的角度进行研究，认为受众基于特定的需求动机来接触媒介，通过分析受众的媒介接触动机以及这些接触满足了他们的什么需求，就可以考察信息传播给人们的心理和行为带来了什么样的影响。传播学者开展的"使用与满足"的传统研究主要针对人们使用广播、报纸、电视等大众媒体的动机分类。比较有代表性的是卡茨、格里维奇和赫斯等人，他们将人们对媒体的需求分为五大类。

　　（1）认知的需要：获得信息、知识和理解。

　　（2）情感的需要：情绪的、愉悦的或美感的体验。

　　（3）个人整合的需要：提高可信度，增强信心、稳固性和提升身份地位。

　　（4）社会整合的需要：增进与家人、朋友等的接触。

　　（5）舒解压力的需要：逃避和转移注意力。

　　（二）外在需求信息

　　人们基于内在的需求动机，才会从受众的角色向传播者、参与者的角色转变，主动去开放的新媒体平台上寻求感兴趣的、能满足其内在需求的信息内容。中国互联网络信息中心（CNNIC）于2015年1月发布的《第35次中国互联网络发展状况统计报告》显示，受众对网络的外在需求信息，主要还是集中在信息资讯需求、人际交流需求、生活娱乐需求等方面，旨在满足自己的工作、学习和生活需要。

根据统计数据,我们可以看出,受众的内在需求动机可以从他们对新媒体应用的使用率上体现出来。丹尼斯·麦奎尔从 20 世纪 60 年代开始就提出了媒体的几种效用,在新媒体环境下,受众的需求也是限定在这样的框架之中的。

1. 心绪转换效用

在现实生活中,人们由于受内心准则和社会规范的制约,表现出来的行为往往都是比较克制的、自律的,这种克制和自律虽然使社会秩序处于和谐的状态,但是个体内心可能是压抑的、疯狂的。而在新媒体的传播环境中,人们可以以一种匿名的形式出现在网络的虚拟空间里,可以接触轻松愉快的信息,可以发表自己在现实中不敢发表的言论,甚至可以宣泄自己的不良情绪。根据法国著名社会心理学家古斯塔夫·勒庞的理论,人在群体中往往会变得失去理智,形成躁动而又盲从的特点。在新媒体的虚拟环境中,这种群体聚集形成得更快,于是这些在现实生活中,看起来不理性、无聊的,甚至是庸俗的言论和行为,就会在新媒体的平台上蔓延,究其深层原因可能只是人们心绪转换的内在心理需求,只是基于自己内心的情绪宣泄。中国互联网络信息中心 (CNNIC) 于 2015 年 1 月发布的《第 35 次中国互联网络发展状况统计报告》的数据显示,公众认可新媒体平台提供的消遣、娱乐和社交功能,这些消遣、娱乐和社交功能可以帮助人们"逃避"日常生活中的压力,带来情绪上的释放。

2. 人际关系效用

传统媒体的人际关系效用包括两种:一种是"拟态"的,即对传统媒体中的记者、主持人产生"朋友"或"熟人"的感觉;另一种是"现实"的,即通过谈论传统媒体传播的信息内容,建立社交圈子。在传统媒体中,人们与记者、主持人的关系是"拟态"的,只能被动地接受媒体中传播的信息,其传播方式是单向的;新媒体的传播环境虽然是虚拟的,但其人际交流是现实的。新媒体平台上用于即时通信的社交媒体,可以让人与人之间实现真正的面对面、一对一的交流,不仅可以和自己熟知的朋友进行沟通,直接感知对方的言行,而且可以和政府公职人员、媒体中的记者及主持人等进行交流,甚至可以将自己的意见和建议,反馈给政府机构或媒体栏目,这也是新媒体传播平台上的即时通信利用率高达 80% 甚至 90% 的原因,它是人们对现实人际交流的内在需求体现。

3. 自我确认效用

传统媒体的自我确认效用,主要是受众通过传统媒体中出现的人物、事件、状况和矛盾冲突的解决策略,通过比较进行自我评价,对自身行为进行反省,并在此基础上调节自己的观念和行为。新媒体与传统媒体在对自我确认效用上的功能不一样,传统媒体传递的信息主要是明确的、社会公认的主流价值观，能够为人们进行自我确认提供清晰的参考。但在新媒体环境中，由于其平台的开放性，各种价值观都会混杂其中，人们往往会处于一种矛盾的、无所适从的状态，很难判断什么样的行为是正确的，什么样的价值观是主流的，因此增加了自我确认的难度。针对新媒体环境的复杂情况，政府可以加大舆论引导力度，给受众提供一个正确进行"自我确认"的参考框架，这也是近几年来政府加大发展政务新媒体的力度，进行公众舆论引导的原因之一。

4.环境监测效用

环境监测效用主要是通过媒体获得与自己生活直接相关的各种信息，及时把握环境的变化。相较于传统媒体，新媒体的传播平台能够提供给公众更多的信息，目前已经成为人们了解外界信息、把握环境变化的一种重要手段。中国互联网络信息中心 (CNNIC) 于 2015 年 1 月发布的《第 35 次中国互联网络发展状况统计报告》显示，网民对搜索引擎的利用率高达 80%，由此可以看出，人们倾向于从新媒体的大数据信息中，主动搜寻与自己生活相关的各种信息，作为监测环境的依据。

公众在新媒体平台上的活动是多种需求相互交织的结果，并不是孤立地实现某个目标的内心需求。因此，新媒体的信息传播要能多方位满足用户的需求，不能仅仅局限于自身的优势，而是要与政府、传统媒体互通有无、相互渗透，形成多媒介、多终端的信息传递，这样才能提高用户对它的忠诚度，新媒体的发展之路才会越走越宽。

三、受众的信息消费分析

任何产品的生产都应基于消费者的立场、基于对消费市场的考虑。在新媒体环境中，受众是信息的消费者，信息消费过程始于受众对信息的需求。关于对信息需求的产生，有三种代表性的观点："需求满足论"认为信息需求是在为满足人的总体需求 (生理、安全、社交、尊重、自我实现五个层次) 所从事的活动中产生的；"认知过程论"认为信息需求产生于个人的知识掌握过程，如有的学者认为信息需求产生于个体掌握知识的不连续性和知识差，有的学者认为个体知识状态的异常产生于信息需求；"行为障碍论"认为知识的缺乏导致行为障碍从而产生信息需求。从消费者的角度考虑，我们对受众要从市场定位、消费行为和消费者忠诚度三个角度来考虑。

（一）市场定位

信息消费的市场定位和商品市场中其他产品的市场定位一样，依据市场细分原则，找出符合自己信息特性的基本顾客类型，确定自己的目标受众，设计自己的信息产品。这种市场目标的定位，可以为确立新媒体的发展目标、制定建设方案、明确信息内容和构建传播渠道提供重要的参考。

在新媒体环境中，对受众的市场细分，在一定程度上可以借鉴市场营销学中的市场细分理论，即策划者通过市场调研，依据消费者的需要与欲望、购买行为和购买习惯等方面的显著差异，把某种产品的市场整体划分为若干个消费群体。实际上就是一个市场分类过程，包括地理细分、心理细分、人口细分和行为细分等。

地理细分通常按照消费者所在的地理位置及其他地理变量来细分市场。在信息消费市场中，由于地理位置的不同，受众对信息的需求也不一样。中国互联网络信息中心 (CNNIC) 发布的《第 35 次中国互联网络发展状况统计报告》显示，在中国 31 个省、直辖市、自治区 (不包括港澳台地区) 中，网民数量超过千万规模的达 25 个，互联网普及率超过全国平均水平的省份达 12 个。按经济区域来看，东部地区 10 个省份中，有 8 个省份的互联网普及率超过全国平均水平。此外，中部地区 6 省中仅有 1 省、西部地区 12 省中有 2 省、东北部地区 3 省中有 1 省的互联网普及率超过全国平均水平。这种不同地理位置和经济区域间的互联网普及率的差异，也是影响信息消费的因素之一。

另一个影响信息消费市场地理细分的因素是城乡差距。虽然农村地区的互联网基础设施不断完善，网络普及率不断增长，网民规模也在逐渐增长，但是城乡互联网普及率差异仍有扩大趋势。中国互联网络信息中心 (CNNIC) 发布的《第 35 次中国互联网络发展状况统计报告》的数据显示，2014 年城镇地区互联网普及率超过农村地区 34 个百分点。

伴随着互联网普及率的提升，城乡地理区域的不同也对信息消费水平产生了一定的影响。根据数据统计，有 47.9% 的农村网民认为自己比较或者非常依赖互联网，对互联网依赖的程度明显低于城镇网民 55.1% 的比例。对于农村网民而言，新媒体仍然未从单纯的娱乐工具转变为信息资讯的服务平台，造成这种差距的根本原因，还是地区经济发展的不平衡。此外，城镇化进程在一定程度上掩盖了农村互联网普及推进工作的成果，未来的信息消费要重视城乡网民在互联网应用方面的差距。

（二）消费行为

与传统媒体相比，新媒体受众的信息消费行为主要依赖于自身的行为惯性。虽然随着新媒体移动终端的普及和发展，受众的上网行为可以不受时间、地点的限制，但由于不同受众的上网习惯不同、上网规律不同，受众的信息消费行为还是会受到一定的影响。

中国互联网络信息中心 (CNNIC) 发布的《第35次中国互联网络发展状况统计报告》的数据显示,从网络出现的那天开始,人们的上网时间始终处于逐渐增长状态。2014年,中国网民的人均周上网时长达26.1小时,较2013年年底增加了1.1个小时,主要原因还是由于新媒体移动终端的普及应用,拓宽了网民对新媒体应用的使用广度,增加了使用深度。

相对来讲,上网的时间段、每天上网的次数、每次上网的时间和地点、上网浏览的内容等,形成了人们不同的上网习惯。因此,从信息消费的角度来讲,分析人们不同的上网习惯,可以更好地更新信息产品。比如,从长篇大论的博客到140字的微博,这两者之间的此消彼长主要就是源于人们的阅读习惯。随着新媒体移动终端的普及,人们能够利用碎片化的时间,快速浏览微博的内容,借以了解事件的主要内容;而博客的长篇大论则需要人们花费充足的时间慢慢消化。相较而言,微博快餐式的信息传播,能够充分利用人们的上网时间,适应人们的阅读习惯,因此成为新媒体领域中一种重要的信息传播形式。

（三）消费者忠诚度

当人们在互联网上浏览信息时,虽然各种网站、新媒体应用等多如牛毛,但人们往往对某些网站或新媒体应用会情有独钟,这就是消费者的信任度和忠诚度。信任是一个社会最重要的综合力量之一,网络信任不仅是社会信任的重要组成部分,而且是新媒体的运营企业持续发展的重要基础。中国互联网络信息中心 (CNNIC) 发布的《第35次中国互联网络发展状况统计报告》中的数据显示,2014年,有54.5%的网民表示信任互联网,相较于2007年的35.1%,信任程度提高了19.4%,这表明网民对互联网的信任度已经有了大幅度的提高。由中国互联网协会主办,国务院新闻办公室网络局、信息产业部电信管理局指导的中国网站排名网 China Rank 根据流量统计结果对各大网站进行排名,数据显示:在商业门户网站中,腾讯、网易、新浪、搜狐等比较受消费者青睐;在媒体网站中,凤凰网、中国网络电视台、人民网、新华网等新闻类的网站受网民的关注度较高;百度在搜索类网站中独占鳌头。从这些数据中可以看出,虽然各种网站成百上千,但受众浏览的网站却越来越集中于少数的知名网站,消费者的注意力和信任度呈现明显的"马太效应"。

由此可看出,新媒体的信息产品建设在使受众提高对其信任度的同时,也使消费者对其产生忠诚度。从市场营销学的角度来讲,真正的消费者忠诚度是一种行为,而消费者满意度只是一种态度。企业挽留消费者的比率增加5%,获利便可提升25%~100%。同样,在信息消费市场中,受众对新媒体平台提供的信息产品或信息服务产生感情，信任该产品或服务，形成偏爱并长期重复浏览该平台推出的信息产品或信息服务，就会形成消费者对此信息服务的忠诚度。因此，无论是各种网站，还是新媒体的各类应用，忠诚的信息消费者是其竞争优势的主要来源。比如，人们现在对微信的态度，就是一种忠诚的消费态度，刷微信、看朋友圈、浏览公众账号的信息内容，几乎成为很多人每天必做的事情。

因此，对于政府的舆论传播来讲，要从培养受众的忠诚度做起，应保证网站的良好运行状态，不断更新政务新媒体的信息内容，从而慢慢培养受众对网站的信任感，促使他们频繁登录政府的新媒体发布平台，逐渐形成对政府新媒体平台的忠诚度，进而使政府在公众心目中树立起良好的形象。

第三节　新媒体传播的内容分析

在传播学研究中，传播内容是最重要的环节之一。传播内容主要是指以符号为载体，通过传播媒介传播的信息内容。传播内容分析就是指传播内容范围的研究分析，是对传播媒介的传播信息材料进行分析。在某种程度上，传播内容可以理解为被传播的信息。我们正处于一个全面化的信息社会。所谓信息社会，指的是"信息成为与物质和能源同等重要甚至比之更加重要的资源，整个社会的政治、经济和文化以信息为核心价值而得到发展的社会"。信息学认为物质、能量和信息是并列构成宇宙的三大因素。哈佛大学的欧廷格对三者的描述是，"没有物质，就什么东西也不存在；没有能量，就什么事情也不发生；没有信息，就什么东西也无意义"。系统的正常运作首先需要物质的硬件作为基础，硬件需要能量驱动，有了基础条件和能量驱动，更为重要的是内容，需要信息内容的充实，只有这样，系统的正常运作才能发挥作用。无论是新媒体还是传统媒体均是以技术为标志进行划分的，技术平台搭建后，媒体传播的核心内容还是信息，而媒介最本质的特征就是它能够承载信息。

一、信息与符号

信息的传播通常以符号为介质。在传播过程中，信息以纸张、胶片、电缆、声波、光波和电磁波等为载体，以文字、语言、图像、图形等符号方式来表达，以报纸、广播、电视等终端设备显示出来。对同一信息，人们可以采用多种符号形式进行传播，可以利用文字符号的方式通过报纸传播，也可以利用语言符号的方式通过广播传播，还可以通过图像符号的方式通过电视传播。在信息学中，符号是表达特定信息或意义的形式,而媒介则是传播或负载信息的外在介质。

从技术角度来看,20世纪兴起的数字技术是把模拟信号变成由0和1组成的以"比特"为单位的二进制信号,通过0和1的不同组合来决定信息的编码和解码,呈现信息本来的面貌,数字化就是使用0和1两位数字编码来表达和传输一切信息的一种综合性技术,即将文字、图形、图像和声音等各种具体的符号信息全都变成抽象的数字信号,再将这些数字信号建立起适当的数字化模型,把它们转变为一系列二进制代码,引入计算机内部,进行统一处理,这就是数字化的基本过程。新媒体中的数字、文字、图像、语音,包括虚拟的或可视的各种信息等,都可以通过采样定理用0和1来表示。信息是以"比特"的形式存在的,"比特流"就是信息的载体,而对"比特流"的传递,只要通过一台接入网络的终端设备,就可以接收来自互联网的海量"比特流",也可以通过"比特流"向外界发送信息,随时与其他计算机进行面对面的较量,和计算机使用者进行交互,从而使信息的技术门槛在数字化的传播渠道中消失。

二、新媒体传播信息的变化

信息的含义有广义和狭义之分。广义的信息包括所有与信息相关的内容,它的特征往往是抽象的、一般性的;狭义的信息是指传播者对社会信息有目的地选择。传播学中所涉及的信息通常指的是狭义的信息,它不仅具有广义信息所固有的一般性特征,还具有以下几个特征:

(一)时效性

时效性是指信息从信源发出传递到受众,受众接收、消化和利用的时间间隔和效率。时效性是衡量传播媒体传递信息和反馈效率的重要指标。尤其是在21世纪,信息时代的政治和经济信息的有效期相对较短,很多决策者对信息的时效性要求极高,如没能及时把握,信息就有可能成为过去式,从而影响政治和经济的重大决策。随着经济全球化的发展和科技的快速创新,人们对信息时效性的要求只会越来越高而不会有所降低,信息的传播与接收速度也会越来越快。

(二)客观真实性

能够被媒介广泛传播的信息应该是有价值的知识,能够被加工创造、传播和储存。媒介传播的信息担负着传播知识、交流经验、传承文化和普及科学等任务,因此客观真实性就成为信息传播过程中的一个重要特性。客观真实性是指媒介传播的信息要真正客观、准确地描述和反映事物运动的状态和方式,而不是凭人们的主观臆想和推断夸大或压缩信息内容,更不能进行虚假的信息传播。例如,美国的Facebook

声称致力于建立一个完全实名制的网络社区，以实名为基础将人们的现实关系复制到网络等新媒体的传播环境中，以此来建立一个客观真实的虚拟社会。

（三）可复制性

对于信息而言，它还具有一个显著特性，就是在传播过程中具有可复制性，而不是像其他物质一样被有损耗地消费。例如，一部古书从古至今都在"被消费"，但其传递的信息内容却不可能"被消费掉"，而且信息的消费过程很可能同时就是信息的生产过程，它所包含的知识或感受在消费者那里可以催生出更多的知识或感受，消费的人越多，它所包含的资源总量就越大。对于网络新媒体而言，其信息的可复制性就表现得更为明显，每一次的信息传播就是信息的一次增值过程。

（四）娱乐性

在人类最原始的传播形式中，能够传承下来的信息中很多都带有娱乐成分，如神话、传说和寓言等均以寓教于乐的形式传递着信息，这类传播具有情感性、形象性、审美性等特点。1967 年，斯蒂芬森在《传播游戏论》中指出，大众传播中几乎全部的内容，都有一种普遍化的游戏或娱乐功能。随着时间的推移，娱乐性将成为大众传播信息的一个越来越鲜明的特征。

三、信息过剩与信息贫乏的矛盾

科学技术的发达带来了媒介的更新，而媒介更新变化最为直观的社会结果是信息绝对量的增加。美国学者弗莱德里克曾经做过这样一个推算：如果将公元元年人类掌握的信息量记为单位 1，那么第一次人类信息量倍增经历的时间为 1500 年；第二次信息量倍增经历了 250 年；第三次信息量倍增经历了 150 年；进入 20 世纪后的第四次信息量倍增，时间缩短为 50 年。在 20 世纪 50 年代，10 年内就实现了倍增；在 20 世纪 60 年代和 20 世纪 70 年代，时间周期进一步缩短为 7 年和 5 年。根据现在的推算，人类社会信息量倍增的时间仅需要 18 个月至 5 年。如果以 5 年为周期来计算，意味着在今后不到 70 年的时间内，人类积累的信息量将达到我们今天所拥有的信息量的 100 万倍。信息量的急剧增加为社会、政治、经济和文化领域带来了不小的冲击，并且改变了人类社会的结构和形态。1993 年，美国率先提出"全国信息高速公路"的设想，1995 年进一步提出"全球信息高速公路"的设想。继美国之后，英、法、德、日本、新加坡等国都提出了各自的"信息高速公路"规划，世界各国都开始加大建设信息社会的力度。1997 年，我国提出了国家信息化建设的指导方针：统筹规划，国家主导；统一标准，联合建设；互相连通。至此，人类开始进入一个全新的信息社会。

（一）产生的原因

面对信息社会剧增的信息量，人们逐渐冷静下来，并开始观察与思考。美国麻省理工学院的尼克拉斯·尼葛洛庞帝教授在其 1996 年出版的《数字化生存》中提到了"后信息时代"概念，就是指信息由于过剩而显得不重要的时代。信息的传播效率不断提高，但传播的效果并没有和传播效率成正比，甚至在很多时候出现效率提高、效果下降的情况。借助高科技的传播通道，信息量在海量增加的同时，也造成了受众接收信息的贫乏，这种矛盾也凸显出信息社会的负面影响。

在信息社会中，不仅有以互联网、移动通信为主流的新媒体，也有以电视、报纸、杂志和广播等为主体的传统媒体。在这些媒体环境中充斥着大量的信息资讯，通过信息的资源共享，使信息呈现几何级数的增长速度。北京大学新闻与传播学院副院长陈刚教授将当前的信息社会称为"信息共产主义"时代。首先，信息过剩体现在媒体传播的内容上，尤其是视频、网络游戏等。在窄带传播时代，这些内容的流行程度并不是很高，随着我国经济的快速发展，这些信息内容开始呈现井喷式传播，为信息内容的大规模传播带来了机遇。其次，随着高科技技术在传播层面的发展，尤其是宽带互联网的普及、移动 3G、4G 的研发，突破了传播渠道的瓶颈限制，无论是搜索技术、编解码技术、存储技术还是传播技术都有了非常显著的变化，促使信息传播解决了技术层面的障碍，使得海量的信息充斥在互联网、电视等新媒体或传统媒体上，造成了大量的信息过剩。这些过剩的信息内容，既有真实的，也有虚假的，有的信息是受众想要了解和知道的，也有一些是受众不感兴趣的，导致在新媒体的传播中形成人量重复冗余的信息。

在信息过剩或媒体过剩的传播环境中，单位信息的传播成本越来越高，但信息的传播量或传播效率越来越低，尤其是单一媒体在市场上的议价能力相对越来越弱化。一方面，网络电视等媒体每天充斥着大量的信息内容，信息传播呈现一种空前繁荣的景象；另一方面，每天有数亿人次通过百度、搜狗等搜索引擎查找他们感兴趣或想要了解的资讯信息，但并不是所有的需求都能得到满足，同时还有很多处于弱势的普通民众由于自身知识结构和社会地位的差异，接触不到自己感兴趣的信息内容。日本学者藤竹晓曾指出，大众传播中的传收不均衡状况，导致了现代社会中信息爆炸与信息贫乏的矛盾冲突。

（二）解决的途径

心理学中有一个术语叫"信息焦虑"，主要是用来描述在信息时代，信息使用者在海量信息前缺乏如何选择所需信息的能力，从而产生的一种特有的心理焦虑现象。每一个人的信息负载量是有一定限度的，当信息接收者所接收的信息量超过其所能消化或负载的信息量时，就会在不自觉中产生无所适从的焦虑或紧张感。海量的信息资源共享在为用户带来信息资讯的同时，也为用户在选择和查找方面带来一定的负担。面对未来信息社会的发展，信息过剩和信息贫乏这两者之间的矛盾能否进行有效的统一，使信息的传播借助新媒体的传播更加有序化，是解决信息过剩和信息贫乏的关键，而发展搜索引擎的智能化则是解决之道。

搜索引擎技术就是针对互联网的海量信息查询而诞生的。搜索引擎虽然不是信息内容的发布者，却是信息传播的中介，充当网络信息内容和用户需求之间的桥梁和纽带。在搜索引擎的帮助下，用户可以及时、快捷地找到他们所需要的信息，从而摆脱由于海量信息所带来的无从选择、焦虑甚至恐惧。在大数据时代背景下，重要的不再是信息，而是关于信息的信息，是对共享信息的导航和提炼。现代管理学之父彼得·德鲁克提出了"以人为核心"的目标管理，在信息社会中，面对信息过剩和信息贫乏这样一对矛盾体，也应该从"以人为核心"的角度出发，来思考这个问题的解决之道。首先，表现在传播信息内容的集中化和序列化方面。对于信息的传播者来讲，他发布的信息内容分散于网络的传播环境中，等待需要的人来发现；而对于受众而言，他所需求的信息隐藏在网络的某个地方，需要自己去寻找、发掘。搜索引擎的出现，可以帮助用户迅速发现这些零散分布的信息内容，可根据用户的信息需求，将传播者提供的信息内容集中起来，形成能够满足用户需求的序列化的、显性的信息内容。将分散的、隐藏的信息内容或传播者集中起来序列化，有利于最大限度地提高信息的利用率，这也是"使用与满足"理论在网络新媒体时代的一次验证。传统意义上的传播研究大多从传播者的角度出发，认为媒介在传播过程中的主要任务是说服受众，受众是被动接受的；而在网络新媒体环境中，对信息的传播更注重受众的心理动机和心理需求，他们的媒介接触活动是有特定需求和动机并得到"满足"的过程。搜索引擎技术的发展以满足用户的需求为出发点，通过技术的转换来满足用户的需求，一改在传统媒体面前受众被动接收信息的尴尬与不足，使受众在信息搜寻过程中处于主动地位，这也是"使用与满足"理论的精髓所在。

其次，表现在信息的显性和隐性处理方面。由于搜索引擎的存在，使得大量传播者有机会扩大信息内容的传播面，被更多的人认识和接受。如果传播者希望自己传播的信息内容被更多的人看到,能够得到广泛和反复的传播,扩大自己的影响力,就需要针对搜索引擎的传播特点来提高自己的"可见性",即显性传播,如政府制作的一些传播重要法规和重大新闻事件的网页等。信息搜索形成的第一页结果对网民来讲非常重要,很多人只有在看过第一页觉得信息量不够时,才会重新进行输入选择,因此,排列在后面的网页就很少有机会吸引网民查看。也有一些网页的信息可能完全沉没在信息海洋里,通过搜索引擎也难以发现,这就需要传播者采取一些方法或措施使它们浮出水面,能够被搜索引擎发现和利用。近年来,搜索引擎的索引规则也发生了很大变化,即便是主动提交的网址也不能保证进入搜索引擎数据库,因此比较好的办法是多获得一些外部链接,让搜索引擎有更多机会找到并自动收录这些网站。这些措施都可以将信息传播者和信息内容进行显性化处理,使信息能够被搜索引擎发现并收录。也有一些传播者并不希望自己的信息内容被搜索引擎发现,如涉及自己隐私的信息或纯粹的私人空间内的信息等。这需要传播者将自己的信息内容隐藏起来,否则搜索引擎强大的显性化处理功能就会使它们曝光在大众的视线范围内,造成隐私泄露。

最后,表现在搜索行为的独立性和关联性方面。一方面,搜索引擎是一种以需求为主导的传播途径,网民的检索建立在不同的需求之上,每一个人都独立地在网络上进行搜索,所以网络的搜索行为有其相对的独立性。另一方面,网民在独立搜索的背后也存在着一些联系。虽然大多数网民都使用搜索引擎,但很多人在提交关键词时,并不能准确地表达他们所要搜索查询的目标。很多搜索引擎会将与网民提交的搜索关键词相关的其他网民的搜索请求排列出来,以供网民参考,这样既可以使网民重新准确地定位搜索方向,又可以优化检索过程。同时关联性还表现在搜索引擎的后台,可以将网民每一次的独立搜索行为记录在数据库中,并将它们汇聚成一个大的数据库。这些后台数据将分散的个体行为累积起来,不仅可以反映人们对不同信息的关注程度,而且可以为受众、市场和社会发展等提供动态的数据分析,使其成为反映社会环境变化的"晴雨表"。有的网站还将热门搜索的关键词排列出来,以吸引更多的网民对这些关键事件关注,从而引发群体效应,使其成为事件发展的一个风向标。这些搜索数据库中的信息在体现个体行为的同时,也体现了受众的某些共性需求,是搜索传播关联性的表现,尤其是这些搜索行为不受外力的干涉和影响,是人们对信息资源自然需求的一种流露,因此会比某些调查结果更为真实和客观,更能反映社会、经济和文化发展的内在本质和规律。

在大数据的信息时代,搜索引擎带给我们的不仅仅是快捷的极速搜索体验,其实更多的应该是信息的及时传播和普及所带来的和谐平等的秩序,弥补了日趋增大的"知识沟"。它使受众在获取信息的过程中具有更强的自主性,尊重受众在传播中的主导作用,使传播能够真正为受众服务,而不使受众在海量的信息中感到迷茫,沦为信息的奴隶。从搜索引擎的发展来看,它不仅是一个信息集成的导航者,也是信息消费行为的记录者,它从根本上顺应了人们对信息的渴求和快速查找特定信息资源的需求,为受众对多源信息进行比较提供了便利。因此,搜索引擎更大的作用是影响了网民的信息消费行为,使人们从习惯被动接受网络上的信息变为主动搜寻自己需要的信息,从而解决信息过剩和信息贫乏的矛盾。

第四节　新媒体的传播效果分析

对传播效果的分析研究远远早于传播学体系的形成,它不仅是传播学研究的出发点,而且是传播学研究的目的。在信息的传播过程中,不论是信息的传播者还是信息的接受者,每一个参与传播活动的人,都是有意图、有目的和有动机的,而不管他是有意识的还是无意识的,只要接收信息的人在传播过程中发生了相应的变化,那么就可以说明传者送出了信息,受者收到了信息,并且产生了实际的传播效果。

一、传播效果的含义

在传播学研究领域中,传播效果具有双重含义:

一是说服性传播,它是指带有说服动机的传播行为在受众身上引起的心理、态度和行为的变化,是通过劝说或宣传来使受传者接受某种观点或从事某种行为的传播活动,通常意味着传播活动在很大程度上实现了传播者的意图或目的。二是影响性传播,它是指通过报刊、广播、电视、网络等传播媒介的活动对受众和社会所产生的一切影响和结果的总和。这些影响可能是有意的也可能是无意的,可能是直接的也可能是间接的,可能是显性的也可能是隐性的。传播效果可以分为三个层面:一是认知层面上的效果,主要是外部信息作用于人们的知觉和记忆系统,引起人们知识量的增加和知识构成的变化;二是价值取向层面上的效果,主要是信息作用于人们的观念或价值体系而引起情绪或感情的变化;三是行动层面上的效果,主要是人们接收信息内容,然后通过言行表现出来。从认知到态度再到行动,是一个效果的累积、深化和扩大的过程。无论是以报纸、电视为主的传统媒体还是以互联网、手机为主的新媒体,都具有上述三个层面的社会效果,只不过在传播的方式上有所不同而已。

二、新媒体的传播特点

与传统媒体的传播效果相比,新媒体的传播效果的形成和作用显得更加复杂。新媒体传播不仅存在着人际传播、群体传播、组织传播和大众传播等多种形态,而且可以通过各种不同的渠道进行立体化传播,多种传播形态与多种传播途径相互交织在一起,形成了复杂的传播组织结构,也导致了传播效果的复杂化。某一个小事件或小话题一旦与公众的兴趣相吻合,就会以不同的传播形态通过不同的传播渠道迅速传播开来,产生放大、裂变、聚变的传播效应。

(一)传播效果的放大

在新媒体的传播过程中,一件很小的事情或者一个很小的话题就可以在新媒体网络上像"滚雪球"一样越滚越大,直至传播到整个网络媒体甚至扩散到整个社会中,引起社会的广泛关注,形成强大的社会舆论力量,影响事件的后续发展。

舆论事件的放大发酵并不是原始的信息传播者能够控制的,对最终的传播效果,无法做出准确的预测。对于新媒体传播中的放大效果的产生还需要一些相应的催化因素,即被传播的事件或话题能够引起网民的关注,吸引人们的眼球,才能迅速积聚人气,在新媒体传播中被放大和扩散,单纯的信息传播很难产生放大的传播效果。华中科技大学新闻与信息传播学院副院长钟瑛教授曾对 160 起网络舆论案例进行分类,凡同类案例有 5 个以上的,即归为一类,结果共归纳出 12 个类别,对其频次进行统计。

像微博这类大众麦克风的新媒体传播形式,更是将某些事件的传播效果放大到极致。尤其是涉及政治与民生的热点事件或话题,更容易引起人们的共鸣。

(二)传播效果的裂变

裂变是物理学的一个概念,是指质量非常大的原子核在吸收一个中子后分裂成两个或更多个质量较小的原子核,同时放出两到三个中子和很大的能量,又能使其他原子核接着发生核裂变,使这个过程持续进行下去的链式反应。新媒体的传播中也存在着类似的裂变效果,一个新闻事件或一个话题在传播过程中被不断分解、再传播。在分解传播的过程中,衍生出大量公众感兴趣的话题,甚至涉及价值观层面的大讨论,从而产生强大的传播能量。例如,2008 年 5 月,华南师范大学教授谈方创办了中国第一家专门宣传、帮助好人的民间公益网站"中国好人网",希望能把一个个负面例子变成正面典型,在社会上积蓄温暖人心的正能量。

（三）传播效果的聚变

聚变也是物理学的一个概念，是指由质量小的原子，在一定条件下发生原子核聚合作用，生成新的质量更重的原子核，并伴随着巨大的能量释放的一种核反应形式。新媒体传播可以将一些弱小的声音聚集起来，使它们汇聚成一股声音洪流，形成强大的舆论力量，这种弱小声音的能量汇聚使得事件发生本质的变化。

例如，2010年，微博以井喷的方式突然爆发，在网络上形成围观的力量，当门户网站的全民微博将围观迅速变成社会普遍存在的一种力量时，弱小声音的聚集就显示出空前强大的能量。南京大学政府管理学院的李永刚教授认为："单就个体网民而言，他的每一次点击、回帖、跟帖、转帖，其效果都小得可以忽略；他在这样做时，也未必清楚同类和同伴在哪里。但就是这样看似无力和孤立的行动，一旦快速聚集起来，孤掌就变成了共鸣，小众就扩张为大众，陌生人就组成了声音嘹亮的行动集团。"此后，更多的事件或话题被这种"小人物"围观，而正是这种密切而又非暴力的围观力量，使得弱小声音汇聚成巨大的能量，从而有可能改变事件的发展方向。

三、新媒体的传播效果

无论传播者通过哪种传播渠道，为了实现怎样的传播意图，最终都要在传播效果上得到检验，因此信息的传播效果是传播学研究中的重要内容。在新媒体的传播领域，很多专家和学者以传统的传播学效果理论为框架，对影响传播效果的因素和最终的效果进行研究，对一些经典的传播效果理论的内容进行了丰富和更新，这不仅可以加深对新媒体传播效果及其理论本身的认识，也为新媒体传播的未来发展提供了方向。

传播是一种有目的性行为，传播者希望发出的信息被受传者接收后，受众在情感、认识和行为等方面会产生不同程度的反应，这种反应就是传播效果。传播效果取决于传播者的传播意图在受传者那里的实现程度，传播者的意图与受传者的反应一致的程度越高，表明传播的效果越显著。对于实际的传播效果，可以从广义和狭义两方面理解，广义的传播效果是指报纸、期刊、广播、电视等大众传播媒介的传播行为所引起的客观效果，包括对社会、对他人发生作用而产生的一切影响和结果的总和；狭义的传播效果仅指传播者具有宣传或说服目的的传播行为在实现意图方面所达到的程度，通常指在传播对象身上引起的心理、态度和行动的变化。由此可见，传播效果是由各种传播行为所引起的，对其理解也应从这两方面展开。

根据不同的标准，传播效果有不同的分类。从时间上，可以分为短期效果和长期效果；从传播规模上，可以分为微观效果和宏观效果；从实际效果上，可以分为积极效果、消极效果和逆反效果。

（一）短期效果和长期效果

从效果发生的时间来看，短期效果主要是指短期内可以看到的传播活动的实际效果；而长期效果则是指由传播活动日积月累所形成的长远效应。短期效果一般表现为传播者为达到某种特定的具体目标或实现某种意图而展开的传播活动，受传者接收信息后，会在短时间内对传播的信息做出行动或心理上的反应。尤其是在新媒体传播方面，借助网络和手机等新媒体传播工具可以使信息快速扩散，在短时间内形成风暴效应。长期效果一般表现为受传者在长期接收传播者传递的信息后，自身的价值观、行为方式和思维方式等会发生改变，甚至社会政治、经济和文化等也受其影响而发生变化。很多传统的传播效果理论都是基于长期效果的研究，尤其是对大众媒介的长期的社会影响所做的分析。相对而言，新媒体传播中对传播效果的研究，更多地考虑到个人传播的"自媒体"对社会的影响，这也是新媒体传播带给传统传播学研究的新课题。

（二）微观效果和宏观效果

在传播活动中，无论是人际传播、组织传播还是大众传播，对传收对象的反应都是微观的，是具体到某一个受众层面的。因此，对新媒体传播的微观效果研究，可以从影响传播效果的具体因素和实际效果着手，如传播内容和传播渠道等方面，特别是如何利用新媒体的传播特性促进传播效果的形成。

但传播活动并不是单一进行的，信息在传播的过程中往往会受到社会环境和人为干涉等因素的影响，产生宏观社会效果。尤其是在新媒体传播中，各种传播活动的交叉、累积，使传播效果不仅影响普通的孤立受众，而且影响社会环境的变化，产生更为宏观的传播效果。因此，研究新媒体传播的宏观效果，不仅有助于认识新媒体在社会、政治、经济、文化等方面所扮演的社会角色，而且可以借鉴和引导影响传播效果的各种活动，使新媒体传播与社会活动之间形成良好的互动。传统大众传媒理论中的一些代表性理论都是以宏观效果研究为基础的，如"议程设置"理论、"沉默的螺旋"理论等。在新媒体的传播效果研究中，很多传播活动都涉及微观效果，因此对新媒体传播效果的研究不仅涉及微观和宏观的影响，而且包括对新媒体传播的社会作用的认识，这也是新媒体传播研究的重点。

（三）积极效果、消极效果和逆反效果

从心理学的角度来看，生活在社会中的每一个人，其实经常会使用暗示或暗示别人，或接受别人的暗示，或进行自我暗示。在传播活动中，如果传播者传递的信息充满对他人的支持、激励、赞许等，受众就会从传播的信息中得到积极的暗示，从而以积极的心态面对发生的一切，产生积极的传播效果。

反之，如果传播者传递的信息充满负能量，则会使人受到消极暗示的影响，产生消极的心态，不仅要承受暗示带来的痛苦与压力，还会损害身心健康，导致世界观、人生观的改变，产生消极的传播效果。

逆反是指根据自己的理解和情绪，对某种事物产生一种否定性的心理趋势和行为倾向，对正确的方面盲目地持反抗、抵制与排斥的态度。逆反可能是由人们受过去某种事物的累积刺激所造成的不信任引起的，也可能是盲目地持反抗、抵制与排斥态度的心理因素造成的。传播学中的逆反效果是指受众受自身立场、价值观、思维定式等影响，对传播者的传播意图产生抵触和反作用的心理倾向和行为。逆反效果主要是由过量的宣传或者对某些现象或事物的不信任等因素造成的，表现为对传播内容和传播者的怀疑、不满、抵触、否定和排斥，甚至直接导致反叛的行为。

第五章　新闻与传播

第一节　新闻的基本概念

一、新闻概念溯源

（一）古代新闻用语考辨

"新闻"一词最早现于《新唐书·隐逸》中记载的唐初文人孙处玄说过一句话："旧天下无书以广新闻。"但孙处玄所说的新闻是指记载当时社会发生的事件和传闻的文章而已。《全唐诗》中也多次出现过"新闻"一词。例如，唐人李咸用《春日喜逢乡人刘松》曰："旧业久抛耕钓侣，新闻多说战争功"；《冬夕喜友生至》又云："天涯行欲遍，此夜故人情。乡国别来久，干戈还未平。灯残偏有焰，雪甚却无声。多少新闻见，应须语到明。"显然，这里的新闻主要指战乱期间人们口头谈论的消息和传闻，即广义原始状态的新闻。

古籍中新闻还有一些其他的含义，如传说故事、宫廷秘闻等。之所以称其为新闻主要是突出其"新奇"之意，如唐朝尉迟枢《南楚新闻》中的"新闻"都属于尉迟枢所收集到的传说和故事，而且多是以志怪形式出现，"新"即等于"奇"；宋朝赵升的《朝野类要》中也用过"新闻"一说："其有所谓内探、省探、衙探者，皆衷私小报率有泄露之禁，故隐而号之曰新闻。"此类"号而隐之"的新闻实际上也大多是宫廷以及官府内部的传闻。

到了明清时代，在一般人们的口语中，尤其是那些读书人的口头中已经时常用到新闻一词，如《红楼梦》里的人物对话就多处有新闻一说。这些新闻大多也是指人们口中流传的新鲜事或稀奇事。

（二）西方新闻概念溯源

德文中的新闻（Zeitung）一词是由德国北部的俗语"Tidenderp"（报道）演变过来的，而"TideRder"又源出于"Tiden"（时间）。当时所谓新闻是指有时间性的趣闻逸事。1321 年,德国莱茵一带流行"Zitunge",到 15 世纪后逐步演变成"zeitung",意思是"在时间上绝对新颖的事物"[1]。另据英国《牛津词典》记载,英语中最早使用新闻一词是 1423 年苏格兰詹姆士一世的一句话:"我把可喜的新闻带给你。"

综上可知,新闻这一概念无论在中国还是在西方都有一个长期的演变过程,而且最早所使用的新闻一词,与现在专业意义上的新闻有很大区别。

二、新闻定义考辨

(一)我国学者关于新闻的定义

我国学者给新闻下定义从 1919 年徐宝璜编著的我国第一部新闻学著作《新闻学》就已经开始了。在此我们选择几种影响较大的,供大家参考和比较。

新闻者,乃多数阅者所注意之最近之事实也。

——徐宝璜:《新闻学》(1919)

新闻的定义,就是新近发生的事实的报道。

——陆定一:《我们对于新闻学的基本观点》(1943)

新闻是新近变动的事实传布。

——王中:《论新闻》(1981)

新闻定义 1:新闻是新近发生的事实的报道。新闻定义 2:新闻是新近事实变动的信息。

——李良荣:《新闻学概论》(2014)

20 世纪 80 年代中期以后,我国新闻学界虽然也给新闻下过众多定义,但是大多均围绕着以上定义在表述上稍加修正、补充和变化,基本思路和逻辑模式没有根本改变。

(二)西方学者关于新闻的定义

曾经有学者把西方关于新闻的解释和定义分为两大派:实用派和理论派。所谓实用派,并非一个学术派别,而是说他们对新闻问题的阐述全都从实际应用的角度揭示其实用价值和操作方法。实用派中人物全都是新闻业界的编辑、记者、主编和发行人。他们对什么是新闻的回答并非科学地表述新闻的根本性质是什么,而是强调在具体实践中新闻报道应该去"报道"些什么。

所谓理论派大多是学者、教授,他们对新闻的界定在态度和方法上更加严谨与科学。他们有些观点与我国学者的看法非常接近,比如美国新闻学者卡斯柏·约斯

---

[1] 何光先. 现代新闻学 [M]. 昆明:云南教育出版社,1988.

特在《新闻学原理》中给新闻所下的定义："新闻是已经发生或正在发生的事实的报道。"这与陆定一对新闻的定义如出一辙。下面简单列举一些有代表性的新闻定义供大家参考。

新闻是经过记者选择以后及时的事实报道。

——美国新闻学者乔治·穆脱

新闻就是把最新的现实的现象在最短的时间距离内，连续介绍给最广泛的公众。

——德国柏林大学新闻学教授比德特

新闻是关于突破事物正常轨道或出乎意料的事件的情况。

——美国哥伦比亚大学教授麦曼切尔

上述这些新闻定义在对新闻性质的概括和表述上大同小异，但透过细微的差别可以更多地了解国外新闻定义的现实情况。

三、新闻特征概述

（一）真实性

新闻最基本、最重要的就是传者在对新闻现象和具体事件发生时，实实在在地向受者报告事实产生的原因、发生发展的经过及结果。在整个过程和每一个环节都必须符合客观事物的本来面貌，不得有半点虚假或夸张。真实是新闻的生命，没有真实就没有新闻，新闻必须以事实为根本。理论化的语言表述为："新闻传播的信息主体，是一种客观信息。"[1] 陈述事实，是新闻传播的最根本的特征。任何无中生有与凭空捏造都会给新闻业带来极大的冲击。即使传播的事实被夸大或者缩小，某些事实层面被有意无意地加以改动，这样的报道也同样违背新闻传播的基本精神。忠实地陈述事实，确保新闻的完全真实性，就是维护新闻的生命。新闻无论采用语言或其他方式陈述事实，必须是对事实原貌的纯粹客观再现。

（二）及时性

及时是新闻的第二生命，没有报道的及时性也同样没有新闻。所谓"新闻谓'新'，不新不成新闻"。而"新"，首先指的就是"新近"之意，就是"刚刚发生"（或正在进行）之意。这是在通常被公认的若干新闻的定义当中就已经特别强调了的。所谓"新闻是新近发生的事实的报道""新闻是新近事实变动的信息"以及"新闻是最近发生的，能引人兴味的事实"等，这些表述当中对于"事实"共同的限制语就全都是"新近"。所以，新闻传播的及时性也就成为新闻对事实传播的快速性的特征。及时报道这个

---

[1]　童兵 . 理论新闻传播学导论 [M]. 北京：中国人民大学出版社 ,2000.

特点,是新闻区别于历史的又一个方面。同新闻相比,历史是缺乏新意的,因为历史只是昨日的新闻。同新闻总是报道及时相比,历史又总是最后说话的。新闻是新近发生的事实的迅速报道,历史总得在事件经过一个相当长的阶段之后,才有研究者对之进行完整全面的考察与研究。与存在于故纸堆里的历史比起来,新闻总是时时散发着油墨的清香。

（三）新鲜性

"新闻谓新新中的"新"不仅指时间的新近,还指内容的新鲜。新近、新鲜、新意、新异以及新奇等都是那个性"新"的"新"字中所共同具有的因素。童兵先生曾经阐述道:"报道及时是新闻的运动态,具有新高是新闻的静止态。前者是后者得以实现的操作上的主要保证。出现了新意的事实没能发现,发现了有新意的事实没能抓住,完成了有新意事实的报道没能公开传播,都无法使新闻具有新意,这样的'新闻'严格说来也难于成为真正的新闻。迟缓是新闻传播的大敌。"[1]

客观世界一切事物无不处于不断运动、不断交化、不断新老交替的发展变化之中。事物的运动是绝对的,新事物的不断出现也是绝对的。这也正是新闻报道之树常青的最终根源所在。但是,具体到每一件个别的新闻报道来看,它们又只能是该事物运动到某一时空的以及某一状态的陈述,是该事物发展到最新层面的一个事实的报道。而由于生生不息的世界的运动规律使然,这种状态很快改变,这一新的层面很快由另一新的层面所代替。在这种情况下,原先报道"新状态""新层面"的新闻,就开始显得阳日落后,不再具有新意,也就失去了原本具备的新闻的生命,失去了作为新闻而存在的意义。也就是说,每一件具体的新闻报道,它的生命力是非常短暂的,是易逝的、脆弱的,因而,西方有学者把新闻报道比之为"易碎品"。由于客观事物的这种"新鲜性"特征是非常易逝的和脆弱的,新闻传者就必须非常敏感和及时地在其还处于"新状态"和"新面貌"的那个瞬间,迅速准确地把它报道出来、反映出来。否则,当事物本身已经失去了新鲜性的时候,新闻报道也就纪元新意,或者报道也就不再具有新闻价值,而只能传递给历史了。

（四）敏感性

新闻具有"新鲜性"这一重要特征,使其同历史有了根本区别;而新闻的这种特征归根结底是由于新闻对于世界变动的"敏感性"。对于世界最新变化与变动的敏感性是新闻的更为重要的特征。童兵先生从理论上深入揭示了新闻报道敏感性的理论

---

[1]　童兵.理论新闻传播学导论 [M].北京:中国人民大学出版社,2000.

根据，他说：从新闻报道的角度考察，一般事物的运动轨迹是：常规变动即量的运动中，缺少足够的新意，此种时空状态下的事物可称之为"普通事实"；而当量变达到一定量的积累时会出现质的变化，质变出现时的事物往往具有明显的新意，此种时空状态下的事物，称为"新闻事实"。接着该事物又回复到一般量的变动之中，又成为"普通事实"。新闻所传播的是具有新意的事实，就是指当事物的变动由"普通事实"变化为"新闻事实"，而尚未回复至"普通事实"这一状态时，传者及时发现，尽快捕捉，在第一时间里迅速报道这一变化。新闻传播的这种抓事物变动的具有新意的"一瞬间"时空态的特点，人们称之为"报道及时"，所谓在第一时间内报道。这就是新闻最突出的敏感特征。

第二节　传播的基本常识

对于什么是传播不同学者有不同理解。仅美国传播学者丹斯在1976出版的《人类传播功能》一书就统计有126种定义。本节在梳理当前国内外代表性的传播定义的基础上，对传播的类型、构成等传播基本常识逐一详细介绍。

一、传播的含义

（一）共享说

共享说往往是从传播（communication）一词的源于拉丁文 communicare（使共同）谈起，传播看作是传者与受者之间的信息分享活动。代表性观点有：

传播就是便独有为共有的过程，它即是对一组告知性符号采取同一意向。

——A. 戈德（1959）[1]

它即是对一组告知性符号采取同一意向。

——施拉姆

在实践中作为"共享"的传播随处可见，如同学们课间的闲聊、课堂上老师精彩的讲课等等。但是共享说并不能概括一切传播现象。比如，甲传递信息，但乙拒绝接受；再如，由于符号系统不同等原因，乙无法解读（破译）甲发出的信息；此外，还存在传受双方存在互相错误理解对方意思的可能；等等。

---

[1]　胡正荣等，传播学总论：第2版 [M]. 北京：清华大学出版社,2008.

（二）影响（劝服）说

影响（劝服）说是从传者的视角出发，强调传播是传者对受者（通过说服）施加影响的行为。主要代表性观点有：

传播这一概念，包括了人与人之间相互影响的全部过程。

——[美]露西和彼得森

某个人（传者）传递刺激以影响另一个人（接受者）行为的过程。

——霍夫兰

一个心灵影响另一个心灵的全部程序。

——韦弗

影响（劝服）说强调传播传递信息的目的性和影响性，把传者目的的实现和受者行为的改变看作是一切传播的基本特征，并据此检测传播活动进行了没有和进行得怎样；但其忽视了传播有时不一定能够产生影响，有时甚至会产生与传者预期相反，或者预期之外的效果。

（三）反应说

反应说从受者的视角出发，吸收了心理学中"刺激—反应"论的观点，强调传播是人类对刺激的反应。代表性观点有：

一个来源透过对讯息（不管是语文或非语文、记号或符号）的传达，能使接受者引起反应的过程。

——理兹

反应说在强调传播的广泛性和受者反应的必然性的同时，抛弃了传播的社会性和受者的能动性，有的定义甚至混淆了人类传播与动物传播、传播学与心理学及生物学之间的界限与区别，使传播学成为一门无所不包的百科全书。此外，这种对传播的理解过于宽泛，因为刺激反应不仅是人类的传播行为，动物、植物都有刺激反应问题，传播学无法涵盖生物学、植物学。

（四）符号（信息）说

所谓信息主要包括三层含义：一是信息是事物的表征与表述，是一切消息、讯号、知识的总称；二是信息与物质、能量并列，构成人类生存环境三大基本要素之一；三是信息是用以减少或消除事物不确定性的东西[1]。符号（信息）说着眼于信息的第一层含义，从传播的内容出发，强调传播是符号（信息）的流动。国内学者持这一观点

---

[1] 张国良. 传播学原理：第 2 版 [M]. 上海：复旦大学出版社,2009.

主要有：

传播广义上指系统（本身及相互之间）传授信息的行为，狭义上指人（本身及相互之间）传授信息的行为。

——张国良

所谓传播即社会信息的传递或社会信息系统的运行。

——郭庆光

传播是信息在时间和空间的移动和变化。

——戴元光

（五）互动说

互动说强调了传者与受传者之间通过信息相互传播、相互影响的双向性和互动性。代表性的观点有：

互动，甚至在生物层次上，也是一种传播；不然，共同行为就无法产生。

——米德

通过讯息进行的社会的相互作用。

——格伯纳

在互动的情境中，有讯息价值的所有活动都是传播。

——瓦茨罗维克

（六）过程说

过程说强调了信息由传者经媒介流向受传者这一过程的完整性和连续性，它要求传播有始有终，而且传播的效果最终能够显示出来。代表性的观点有：

大众传播就是通过某种媒介向许多人传递信息、思想和观念的过程。

——彼德

大众传播是一个过程，在这个过程中，职业传者利用机械媒介广泛、迅速、连续不断地发出讯息，目的是使人数众多、成分复杂的受者分享传者要表达的含义，并试图以各种方式影响他们。

——德弗勒和丹尼

如果传播缺乏基本要素或者传播中断、阻塞，传播过程就不能正常进行并发挥特有的功能。这是一个似乎成熟的定义，它既标明了信息传播的轨迹，也明确了传播研究的要素，但仍有宽泛、模糊和难以把握的缺陷。

二、传播的类型

人内传播是指个人接受外部信息并在人体内部进行信息处理的活动。人的身体具有一般信息传播系统的特点；人体既有信息接收装置（感官系统），又有信息传输装置（神经系统）；既有记忆和处理装置（人的大脑），又有输出装置（发声等表达器官及控制这些器官的肌肉神经）；人的身体既是一个独立的有机体，又与自然和社会外部环境保持着普遍联系。

人际传播是指两个人或者多个人之间面对面交谈、打电话、发邮件、微信或者QQ群聊等各种形式的交流活动。人际传播学是以人与人之间交往的社会活动为主要研究对象，并有所侧重地吸收各门学科的新成果，系统地探讨人们如何通过相互间的交往建立和维护一定的人际关系，并着重研究人类社会交往在人际关系中所起作用的学科。人际传播学就是研究人际传播活动及其规律的科学 [1]。

传播是根据各种相互依赖的关系网相结成的，为应付环境的不确定性而创造的交流信息的活动 [2]，主要包括两个方面：组织内传播与组织外传播。这两个方面都是组织生存和发展必不可少的保障。

大众传播是社会媒介面向社会大众通过文字、电视、广播、网络等大众传播媒介传递本身生产或者复制的信息的实践活动过程。

三、传播的功能

（一）传播的正面功能

1. 传播功能的历史叙述

1948年，拉斯韦尔在《传播在社会中的结构与功能》一文中提出了传播的三大功能：对环境进行监视，使社会各部分为适应环境而建立相互关系，使社会遗产代代相传。1957年，莱特在《大众传播：功能的探讨》一文中进一步补充了传播的舆论功能，进而提出传播的四大功能：监视环境、舆论引导、传承文化、娱乐。施拉姆综合前人研究，概括了传播的四大功能：大众传播是社会雷达，具有寻求、传递和接收信息的功能，用于监视社会环境；大众传播具有操纵、决定和管理功能，对受者进行诱导、劝服、解释信息，并引导其做出决定；大众传播具有指导功能，也就是教育功能；大众传播具有娱乐功能。

2. 传播功能的当代含义

（1）守望与预警的功能，指持续不断地、及时地注意环境的变动；

[1] 薛可．余明阳．人际传播学 [M]．上海：上海人民出版社,2012.
[2] 范东生，张雅宾．传播学原理 [M]．北京：北京出版社,1990.

（2）协调与商讨的功能，指聚合人们对环境采取一种有效的行动；

（3）传承与教化的功能，指知识和社会规范等精神遗产世代相传；

（4）娱乐与商业的功能，指娱乐、休闲以调节身心、保持活力。

（二）传播的负面功能

李普曼在《舆论学》一书中提出了传播"歪曲环境"的负面功能。该理论的突出贡献在于指出了大众传播的作用：即现代社会中，虚拟环境的比重越来越大，它主要由大众媒介造成。换言之，现代人与现代环境之间，插入了一个由大众媒介构筑的巨大的虚拟环境（或曰媒介环境）。由于大众传播的普及、信息传播技术的飞速发展，现代人的认识能力等同于虚拟环境大大扩张。与此同时，现代人对这种虚拟环境的验证能力却相对地大大缩小了。这里主要有两个问题：一是当传媒有意无意地歪曲环境时，人们无法验证；二是不仅如此，人们还将之视为"现实环境"而展开现实的行动，结果却制造出一幕幕悲剧。

负功能和正功能是相互依存、相互对应的。正功能和负功能之间的辩证关系在一定条件下两者可以互相转化。与正功能研究相比，负功能的研究一直很薄弱。一个重要原因是，长期在传播学研究中占据主导地位的传统学者中，很多人持急功近利的指导思想，因而对"正效果"的关心大大超过对"负效果"的注意。这一偏向，后来遭到批判学派的批评。现今社会，大众传播乃至一般意义上的社会传播（尤其是电子传播）的负效果，已成为全球范围内普遍研究的课题。

第三节　新闻传播的价值与方向

新闻传播已经成为广大社会群众了解时事政策的最重要的途径，先前的新闻传播主要依赖于报刊、电视、广播等传统媒体。但是随着社会现代化和信息化水平的不断攀升，伴随着网络媒体和新媒体的出现，新闻传播的方式和途径也更加多样化。在互联网快速发展的时代背景下，新闻传播使广大受者更加了解世界。同时随着新闻传播渠道的多样化发展，新闻传播方式与受者之间的互动性和交流性更强，新闻传播的价值得到了进一步的凸显，新闻传播无论是对于国家还是广大受者来说，都具有十分重要的价值和作用。

一、新闻传播的价值

（一）新闻传播的时效性价值

新闻传播，顾名思义，就是对最新的时政要闻和信息进行的传播，因此，时效性可以说是新闻传播最为显著的一个特征，也正是基于此，新闻传播具有一定的时效性价值。这个时效性价值的意义主要可以从以下两个层面加以论述：一方面，时效性能够将最新的新闻信息、政策信息等传播给广大受者，从而以最新的政策和信息来影响广大受者的文化走向和价值观念；另一方面，时效性的价值还体现在可以帮助广大受者顺利地做出正确而又科学的决策。可以说，使广大受者获得最前沿的新闻信息既是新闻传播的重要价值，同时也是新闻传播的重要使命。只有具有时效性的新闻传播才称得上是"新闻"。

（二）新闻传播的贴近性价值

在互联网高速发展的背景环境之下，以网络媒体为主要代表的新媒体的出现使得新闻传播的方式不断地扩大化和多样化。同时新媒体的发展也使得新闻传播的内容不断地扩展，那些传统媒体认为不适宜的新闻甚至可以通过网络传播的方式进行扩散。广大受者获取新闻信息的途径增加，对于新闻的内容和质量的要求自然也就随之提升了。因此，这就使得新闻传播的贴近性价值得到了进一步的发挥和延展。新闻传播一定要贴近广大受者的生活、贴近广大受者的关注点，这样的新闻才称得上对广大受者有用的新闻，才会激发起受者听和看的欲望，同时才会对公众产生影响力。

（三）新闻传播的互动性价值

新媒体以增强与受者的互动交流著称，当前，新闻传播也更加倡导"体验感"，更加注重新闻传播与受者之间的互动，让受者参与到新闻传播过程中来，从而争取为不同的受者提供定制化的、个性化的新闻传播内容和传播途径。以报刊、广播和电视为主体的传统媒体的一个主要缺陷就是受者过于被动地接受新闻传播的内容，因此这也是在当前的背景环境下倡导传统媒体与新媒体融合的一个重要原因。新闻传播互动性的价值主要体现在两个层面：一方面，通过互动让受者更加真实地体验到各种媒介所传播新闻的意义和价值；另一方面，通过互动让受者对新闻传播的内容和方式提出一些自己的观念和见解，这也是有利于新闻传播不断发展的一个重要手段。

二、新闻传播的未来发展方向探究

（一）新闻传播要加速与新媒体的融合

在前文中已经提到，通过报刊、广播以及电视等传统媒体进行新闻传播具有一定的缺陷，不但覆盖范围较窄，同时与受者缺乏有效的交流和互动。因此，新闻传播在未来的发展过程中，要重视与以网络媒体为代表的新媒体传播方式之间的融合。将传统传播媒体的高资质与新媒体的全覆盖以及广阔资源有机地融合对接，将会进一步提升新闻传播的高效性。在"互联网+"的背景环境之下，如果新闻传播只是一味地沿用传统的传播方式，那么将不利于传播能力的提升；反过来，如果新闻传播过于侧重新媒体的传播方式，那么将会使新闻的权威性受到一定的挑战和威胁。

（二）新闻传播要依托信息技术加强与受者的交流

新闻传播要依托信息技术加强与受者的交流主要针对的还是报刊、广播以及电视等传统的新闻传播媒介。具体来说，笔者认为可以通过两种途径来实现新闻传播节目与观众的互动。通过互动平台的搭建是加强交流的一个最有效的途径。互动平台是指传统媒体不依赖于其他媒介和途径而与观众进行的互动与交流模式。这中互动交流最典型的做法就是通过电话介入的方式进行交流，在新闻传播的过程中适时地安排一些电话的插入，这也是对新闻与政策的解读。各种传播媒介也可以成立本身的官方网站、微博、论坛等，通过软件技术以及专业人员的维护来实现观众与新闻节目的实时在线交流和沟通。

（三）新闻传播要重视营销模式的创新

随着移动互联网时代的到来和网络消费环境的改变，中国网络零售业得到了快速的发展。当前，在网络媒体环境下，APP运营对于广大消费者而言已经不再陌生。因此，在新媒体的背景环境下，新闻传播也应该采取更加科学化的APP推广策略为自己赢得更多的潜在受者群体。回顾十年以前，广大受者接受新闻传播的信号主要是通过报刊、广播以及电视等传统媒体，而现在人们更倾向于利用网络媒体的方式来收听收看新闻传播的实时信息。新闻传播要走进大众的视野，也要种种营销方式的策划。目前，就连新闻传播的一大"巨头"央视一套也推出了微博客户端，广大受者在收看新闻节目的同时也能够进行微博的实时互动，这实际上就是新闻传播媒介自我认知与自我定位的一种发展和进步，是通过信息的营销模式和推广模式提升本身品牌与传播能量的途径。此外，微信已经成为人们日常生活必备的沟通联系方式，在微信5.0时代注重微信营销策略的发展是新闻传播行业营销手段创新的一个全新渠道。通过微信"摇一摇"来获取全新的新闻节目名录,通过微信公众号推送各种对受者实用的新闻信息,这也是任何一个新闻传播媒介在互联网时代应该采取的一个营销策略。

（四）新闻传播要注重与时代发展的紧密结合

最新的时政要闻出现在广大受者的视野中,对于广大受者了解现代社会具有重要的意义和价值。因此,注重与时代发展的紧密结合,传播最前沿的、最有意义的时政要闻就成为未来新闻传播发展的一个重要推手。首先,新闻传播要重点传播国内的最新消息,国内的一些新闻对于广大受者生活所产生的影响是极为深刻的,也是不容忽视的;其次,新闻传播的内容要与国际社会接轨,随着全球一体化进程的加速,国外的一些发展经验、政策措施逐渐传入国内,那些有益的发展模式对于促进我国社会的整体发展是十分具有借鉴意义的,同时也是我国国民了解国外的一个窗口。总之,不能与时代发展紧密融合的新闻传播就失去了其应有的意义和价值。

第 六 章　新闻传播的传者与受者

　　传者是传播流程的始点，受者是传播流程的重点。把两者放在一起讨论便于从整体上理解和把握新闻传播主体间关系。特别是进入自媒体时代以来，传受之间的界限越来越模糊，传者和受者之间的角色在不停地转换。

第一节　新闻传播的传者

　　新闻传者不仅在整个的新闻传播活动中处于主体地位，而且在全部的新闻传播流程中起着主导作用。他们在社会结构中有着极为特殊的身份和角色。记者甚至被称作"无冕之王"，其重要性可见一斑。

一、角色定位

　　新闻传者的基本角色是新闻信息的传者和公众领域中的意识交流家，从其诞生之日起就以各种信息搜集人和传播人的形象活跃于社会生活的各个领域，成为社会各个群体之间相互联系的纽带。具体而言，新闻传者的角色特征体现在如下几个方面：

　　（一）新闻传者是"信息流通的主动力"

　　作为整个传播行为和活动中的主动者，专业的新闻传者是使社会信息的流动永不停息的主要推动力。原生态的信息如果没有人去发现、采集并转化为可流动的信息，它就不可能进入传播过程。而如果整个社会都失去了这种对于信息的及时采集和传播，信息就会凝滞。一个社会如果在信息的流通方面长期缺乏及时和畅通，那就必然会造成整个社会生命力的衰退；反之，一个社会充分保持信息的活跃，才能保证社会血脉的畅通，社会生命力也就自然会强盛。由于信息具有使用不灭的特性，所以信息的传播范围越广、传播力度越大，整个社会的总体信息就越丰富。新闻传者充当了信息流通传播的专业的角色，使得全社会的信息及时流通和传播。新闻传者的"信息流通主动力"作用发挥得越好，社会历史的政治、经济和文化的发展就一定会繁荣昌盛。

（二）新闻传者是社会信息传播的主体"选择者"和"把关人"

按照新闻传播的基本规律，新闻信息的传播需要经过许多环节的新闻选择，而新闻传者不仅是新闻信息的传递者，而且首先是新闻信息流量和流向的控制者与引导者。他们在新闻传播的各个环节担当着"选择者"和"把关人"的角色。所谓把关，是指传者不可避免地要对信息进行筛选和过滤，而这种筛选和过滤的行为就叫把关（守门）。也就是说，在任何传播活动中都必然要受一些个人或集团的控制，传播学家将这一论点发展成为传播学中的把关人理论。一般认为把关人在对信息处理的过程中主要有以下三方面的作用：删除某些信息；增强某些信息的重要性；降低某些信息的重要性。这其中就显然参与和体现着传者本人的主观选择的倾向或意愿，而新闻传者当然就是新闻传播活动中的最主要的"把关人"。既然如此，新闻的把关就肩负了一种巨大的责任，他们对信息的选择和把关会直接对整个社会和广大公众的利益带来影响。因此，新闻传者的信息选择和把关人角色，关系重大。

（三）新闻传者是"意识交流的桥梁"

新闻传者作为社会信息的传递者，从社会结构的纵向来看，可联系上与下；而从横向上来看，则可沟通左与右。新闻传播活动所传递的信息中，既包括上对下的精神，也包括下对上的意愿。政府、政党、集团通过传者而向下向外发布政令、政策、方针、计划，使传者发挥"喉舌"的作用；而基层、民众、外界又有赖于传者向上级、政党、政府反映意见、建议和呼声，从而发挥"耳目"的作用。在功能健全的条件下，新闻传者就成了社会上下意识沟通和交流的纽带。尤其是，在这样的一种关系中，新闻传者还具有"监督权力的镜鉴"的职能和角色。因为，新闻传者通过大量的社会决策与社会现实的公开报道，使政府官员和公务人员的行政行为与个人品质处于较高的透明度中，以便全社会对其实施评议和监督。这里需要特别指出的是，传者作为"意识交流的桥梁"，在上与下的关系上，一定不能过于重"喉舌"作用而轻"耳目"作用，这是以往历史上常常出现的问题。至于对左右的沟通方面，由于人们的社会身份、经济地位、政治观点、文化水平等方面的差别，往往对各种事物的认识和观念有着很大的不同。新闻传播就需及时提供交流的机会和渠道，使社会上不同的见解得到沟通，尤其要进行一定的舆论引导，使某些公众意见尽可能地达到统一和一致。

总之，新闻传者的基本角色定位就是新闻信息的传者和公众领域中的意识交流家；而新闻传者的社会行为与社会各个领域有着各种各样的联系，因而其基本角色也向着派生角色延伸。

二、素质要求

作为一个新闻传者的整体素质,可以用下面的一个公式来表示:

新闻传者的整体素质=长 × 宽 × 高。

其中,长=业务专长;宽=知识面,高=思想境界。

那么这三方面的构成又具体包括下面几个方面的具体内容呢。

(一)超常新闻敏感

所谓超常新闻敏感,是指新闻传者在现实生活中能够迅速而敏捷地捕捉和判别各种事物变动的信息,并及时衡量信息中所含有新闻价值大小的能力。新闻敏感既是对重大新闻事件的快速反应能力,也是对处于萌芽状态新闻素材的透视能力,通常需在长期的新闻实践中积累和训练而成,是新闻传者总体业务水平的集中、综合表现。

对于新闻传播活动来说,新闻传者最需要具备的素质就是新闻敏感。因为新闻永远面对的事实,是绝对真实的事实。新闻传播绝不可以凭借灵感去加以任何性质的想象和虚构,而且,新闻的事实又必须首先有"新"的基本属性;传者能够及时抓住新闻事实的"新"的特征,当然就需要"敏感",所以新闻敏感在新闻传播中就同艺术灵感在艺术创造中一样,是必不可少的也是最重要的传者的主体品格。

新闻敏感者对于事物的新闻价值的判断,类似条件反射,完全形成了一种职业化的习惯反应。归根结底,新闻敏感的核心是一种鉴别能力。依靠这样的一种能力,记者可以迅速判断哪些事实是有新闻价值的,哪些是没有新闻价值的;哪些是可以进入新闻选题的,哪些是没有选题意义的。

(二)较强的沟通能力

新闻传者要快速、广泛地发现并采集新闻,当然就必须同社会各个阶层以及成员打交道,只有建立广泛的社会联系,与社会生活的各个方面随时保持密切和畅通的连接,才能及时抓住社会运行发展的新动向,发现新事物。

如果不善于参与社会活动以及调动人际关系,那就是新闻传播工作的一个严重缺陷。作为一个优秀的新闻人,其最良好的素质就是可以和广大人民群众打成一片。可以和任何人沟通,从任何人的身上得到有用的信息。

(三)出色的表达能力

新闻传者活动方式的最后落脚点就是新闻作品的制作与报道。在现代高科技的条件下新闻作品制作主要有文字语言和视像以及声音广播等形式,所以驾驭现代采编工具的能力也是最常规的要求。随着传播技术的不断进步,现代社会的新闻传者必须及时适应新的传播技术和手段,除了必须具备的文字表达能力以外,目前普遍应用的录音、摄像、照相、网络等技术与技巧,都要熟练地掌握。写作技巧和图像表达能力都是新闻传者向社会传播新闻事实和信息的基本手段,是沟通传者与受者的唯一的桥梁。因而新闻的编码表达能力是决定新闻传者素质高低的一个最基本的方面。对于一个传者来说,如果其他方面的素质全都具备了,新闻信息也顺利地掌握到手了,却不能以准确的以及精彩的书面或画面形式表达出来,新闻的传播或者根本就不能实现,或者由于表达的不力而达不到较好的效果。

(四)专业的信息筛选能力

随着网络技术的普及和新媒体平台的大量应用,传统新闻传者不再以采访作为获得新闻信息的唯一手段,借助微博、微信等信息平台也可以获得海量信息。新闻传者应对这些信息具备新闻专业的筛选能力和判断力:一方面是因为专业的新闻传者凭借其本身眼光和素养,在纷繁复杂的海量信息中可以提取最且价值的信息,让受者可以在最短时间内获取最具价值的信息,从而实现新闻行业本身的经济价值[1];另一方面是因为面对新媒体时代的来临,新闻传者的范围逐渐扩大,不再局限于专业新闻从业人员,一些新闻接受者通过新媒体平台也在扮演着新闻传者的角色,但是新闻专业素养的缺乏容易造成其传播的信息表现出浅表化、碎片化和情绪化的特征,容易构成虚假新闻。因此,新闻传者有责任、有义务对新闻信息进行甄别和筛选,保证新闻信息的真实性和客观性。

三、角色权利

角色权利专指新闻传者完成本职工作必须具备的职业权利,童兵教授将角色权力归纳为如下四个方面:

(一)知情权

知情权,又称知晓校、了解权,其是所有公民(特别是新闻从业者)的基本权利。在民主社会,公民有权依法知晓政府及其公务员的行政行为及一切与其利益或兴趣相关的社会性活动的信息,而公民的知情权在很大程度上有赖于新闻传者的公开报道才得以实现,因而新闻传者也就具有了该职业所特有的来访权和报道权。这就是指新闻传者的职业行为——收集、核实信息以及传递信息的活动不受阻碍。政府、公务员及一切有关人士应该提供公民依法应当知晓的信息,如果有意扣压公共新闻

---

[1] 刘鹏. 传统媒体融合转型的若干趋势 [J]. 新闻记者,2015(4):4-14.

信息,或有意传播虚假消息,以及阻止传者正当传播信息通常都会被认为侵犯公民的知情权。如果新闻媒介知晓某一信息而隐匿不公开报道,也应该被认为侵犯了全体公民的知情权。

(二)监督批评权

依据宪法规定,公民享有对政府及其工作人员进行监督与批评的权利。新闻传者的监督批评权则专指传者以事实为依据,以法律法规和社会道德规范为准绳,利用新闻传播媒介对政府、公务员及社会其他行业和人士的行政业绩、个人品行和违法失职行为进行公开报道,以实施监督与批评的权利。实际上,这是新闻消息权、公开传播权、控告权和言论出版权在国家政治活动、经济文化活动和整个社会生活领域的具体运用。独立、负责地开展舆论监督与新闻批评,是新闻传者的重要权利之一。

(三)秘匿权

秘匿权主要是指"取材秘密""消息来源秘密""保守职业秘密"等权利,其具体内涵就是新闻传者为了对有些信息来源的权益甚至是人身或名誉保护,而不向外界透露消息提供者身份和姓名的权利。国家法律保护这项权利,以保证信息渠道的畅通,保护消息提供者不受报复和打击,更不能让其受到人身和名誉的伤害。在民主社会,新闻传者享有必要的秘匿权。但是,在一定的条件下,为保证司法正常进行,司法机关在取证程序中,新闻传者也不得以秘匿权为由拒绝提供有关证据。

(四)人身安全权

由于新闻传者常常活跃在社会势力尖锐较量的领域,人身安全常常受到比一般人更多和更大的威胁,所以必须对新闻传者提供特殊的人身安全保护权。为此,国际交流问题研究委员会倡议为新闻传者提供特殊保护。日内瓦公约中关于保护国际武装冲突受害者附加议定书中,设置专条保护新闻传者,规定应将在冲突地区从事专业任务的新闻人员视为平民而予以有条件的保护。联合国教科文组织通过的关于大众传播工具的1978年宣言规定,必须保证从事大众传播事业的新闻人员和其他人员在本国或国外都能得到保护,保证他们有进行本职工作的最好条件。当然,新闻传者也不得在持有的人身安全权的掩护下从事同其身份不相符合的活动。

第二节　新闻传播的受者

本节主要以传播学理论为依据来考察和研究新闻传播的受者问题。

一、受者含义

受者是新闻信息流程的接收端，是媒介产品的消费者，也是对信息、讯息、媒介以及传者的最终检验者与评判者。受者是新闻传播活动中的又一个活跃因素，是新闻信息传授过程中积极主动的参与者，是不可忽略的反馈信源。

有学者认为："受者是新闻信息传播流程中的终端，是新闻媒介及其承载信息的消费者，又是对于新闻媒介、新闻信息和新闻传者本身的检验人。受者是新闻传播系统中的一个复杂的子系统，他们是新闻信息的受传者，又是反馈信息的发布者。如果他们把自己所收受的信息进行加工制作之后再次转传于他人，他们则成了下一级传播（通过人际传播或大众传播）的起始者。总之，不论是传者还是受者都是新闻传播活动中积极能动的行为主体。"[1]

二、受者特征

（一）受者范围覆盖面广

就受者范围来说，理论上凡具有社会交往能力的人都属于新闻传播受者的范围，但实际中并不是所有人都是事实上的受者。一般来说，受者有着现实受者与潜在受者之分。坚持接触和利用新闻媒介的人是新闻传播媒介的现实受者；具备健全的阅听能力而尚未接触全部或部分新闻传播媒介的人属于潜在受者。新闻事业的目标就是要尽量把这些潜在受者最大限度地改变成现实的受者。此外，应该注意的是，受者对媒体的需求是多种多样的和不断变化的，新闻传者也必须注意受者的这方面的特征，尤其是他们对现有媒体的更高水平的要求。

（二）受者内部差异巨大

处在不同政治地位和经济地位的人，在思想观念和信息需求上有着重大差别。人们的社会地位差异，甚至生活区域、民族环境和地理环境的差异，对于人的文化素养和文化层次的影响也是十分直接的。如果从整个新闻业所共同面对的所有现实的以及潜在的受者范围来看，他们在文化成分的组成上是十分复杂的。由于受者的文

---

[1]　童兵.理论新闻学导论[M].北京：中国人民大学出版社,2000.

化素养和层次的不同，也就决定着人的文化观念和生活习俗的不同，因而其新闻信息的需求也就必然有着明显的不同。根据这样的特征，新闻传播媒体的读者定位是十分重要的，而同时媒体对潜在受者的开发和争夺也是必不可少的，这就特别需要研究受者的文化构成。

（三）对新闻选择性的接受

人们在自己的日常生活中，总是希望能够不断地听到和看到一些新鲜的事物或者得到一些新鲜的信息。这样的心理期待有些是出于对自己切身利益的关心，也有些只是出于好奇之心。一般来说，受者在接触信息时，会自觉和不自觉地注意那些与自己原有观念、态度和价值观相吻合的信息，或自己需要与关心的信息。这种依据自己的需求和态度对新闻媒介、新闻信息的取舍，称为受者的选择性接触。受者的这一特征表明，对于一个具体的受者来说，它不可能去接触所有的媒介，也不可能去接受所有的新闻信息。一定的媒介和一定的信息，只能和只需要满足某些特定的受者。了解受者这样的特征，可以通过更新传播内容、扩大信息容量、优化传播手段等办法来强化新闻信息的刺激力，引起受者的集中注意，改变受者的固有观念。

三、受者中心

长期以来，传者一直居于中心地位，但随着新媒体等的兴起，受者的地位日益上升，新闻传播从"传者中心"开始过渡到"受者中心"。然而受者中心论也有可能走向"一切由受者决定"的误区。正确认识受者中心论的负面影响，采取必要措施进行有效的避免及改善，是当今新闻媒介需要特别注意的问题。

（一）媒介社会功能和社会责任的弱化

随着人类社会的发展和进步，存在于社会的政治、经济、文化等各个方面的信息越来越丰富，而新闻媒介更是人们获取信息的主要渠道，并担负着引导舆论、指导行为、提供社会的"公共领域"和开展"精神交往"等作用。这是媒介的重要功能，更是媒介的社会责任。

但是，在商业化的语境下，受者既是媒介信息的接受者，又是广告产品的消费者。媒介为追求发行星收视率，提高广告收入，必然重视经济效益，因而也就容易忽视社会效益。很多时候，媒介表面上是在传播信息，深层次上却是为了更实际的经济收入。媒介在经济效益不断攀升的同时，公众利益却面临着威胁，媒介作为"公共领域"提供时政评论、舆论引导、文化教育等方面的社会职责功能日渐衰微，甚至使一些社会责任感不强的新闻工作者逐步演变为文化商人；媒介具有的文化传播功能往往传播一些与社会发展要求格格不入的观念和意识，有时非但不能为社会受者提供真实的信息，形成正确的舆论引导，反而麻痹受者，使监督环境的功能在经济效益至上的理念下也失去了评判的价值标准，更不用说监督社会及批评腐败现象了。

（二）媒介主体性和思想性的泛化

由于"受者中心"过分抬高受者的传播地位，必然破坏双方的平等互动关系，导致受者本位意识的扩张和组曲，从而衍生出"一切为了受者，一切迎合受者"的受者决定论。如此，媒介很容易丧失作为思想特点标志的主体性，而且会使媒介的主导性方向演变为无原则和不负责任的倾向，沦为受者的附庸。在时下商业化充斥的时代，媒介思想的泛化表现在各媒介之间的模仿和抄袭，"跟风""从众""时尚"——在这种信息交互传播的过程中，不免人云亦云，甚至为一些带有时髦光环的腐朽观念提供了迅速生长的土壤，这必将淡漠传者对媒介独立思考的责任，并抑制传媒的创造力。

（三）新闻媒介传播内容和品位的俗化

对于新闻传播媒介来说，"受者中心"并不是一味地满足受者的所有需求，新闻媒介首先要以受者需求为基本的服务目标，同时还负有培养受者的消费口味、提高受者的品位以及教化人性中庸俗、低级弱点的职责。其实，这同样是以受者为中心。因为归根结底，对于受者精神境界的提高，受益者仍然是受者本身。而片面地追求商业利益，一味地迎合受者的自然口味必然导致新闻的异化。如果过于片面地从"受者中心论"出发，媒介就会迎合受者一般天性中的不良需求，表现出媚俗化倾向，从而把"受者中心"演变为"以受者一切兴趣为中心"。从一般人性的基本构成来看，受者的爱好兴趣各有不同，有的优雅，有的庸俗；有的高尚，有的低劣。一味单纯地满足受者娱乐消遣的需求，会使新闻传播的内容日趋庸俗化而产生出更多的垃圾文化。

以上分析了"受者中心论"的负面影响，新闻传播工作者在实际工作中应该对此有高度的注意，而且要有清醒的意识及有效的措施，尽量避免负面效应的发生。首先，尽量满足受者的合理要求，并不等于完全满足受者的所有要求。需要努力寻求主流舆论引导和一股受者需求之间的最佳结合点，担当起应有的社会责任。其次，维护百姓的利益并不等于简单化地纠缠于诸如停水、停电这类生活琐事之中，新闻内容的路子应该灵活、宽阔，而不能僵化，更需要具有一定境界，否则就失去了媒介更本质的价值和意义。最后，"受者中心论"的转变，绝不是简单的节目改版，更不是单纯地传播形式的变化，重要的是新闻工作者在观念上的彻底更新。作为新闻工作者，首先应在自己头脑中把受者放在中心的位置,所谓"受者中心"也就首先表现在传者心中有受者。这样,我们才能真正使新闻扎根于群众之中,从而真正保持永远旺盛的媒介生命力。

四、受者观念

(一)作为社会成员的受者观

受者群体背景或社会背景影响他们对事物的态度及采取的行动,这种影响有时候甚至会超过报纸、广播电视等大众媒体的影响。对此,前文已分析,不再赘述。

(二)作为市场或消费者的受者观

随着大众传媒产业的发展壮大,把受者看作消费者或大众传媒市场的观点逐渐被社会所接受。20世纪80年代起,人们通常把受者看作是一个没有内部差别的"大众"市场,传媒的任务就是提供能够满足普遍需求的信息产品和服务。随着大众传媒数量的不断增多,满足普遍需求的大众市场已经饱和,需要对受者重新进行细分,开拓"小众"市场成为媒体新的关注重点。

(三)作为权利主体的受者观

受者作为社会成员享有参与公共事务和社会管理等诸多正当权利,主要包括:

(1)传播权。受者有权将自己的观点、思想、认识等通过言论、著述等活动表现出来,并通过一切合法手段和渠道加以传播。

(2)知晓权。狭义上是指受者对国家的立法、司法和行政等公共权力结构的活动拥有知情或知察的权利,广义上是指受者有获得本身所处环境及其变化信息的权利。

(3)接近权。受者有利用传播媒介阐述主张、发表言论及开展各种社会和文化活动的权利,同时也承担相应的责任。

五、受者理论

(一)个人差异论

个人差异论认为大众传播内容在受者之间产生不同效果是由受者的个人兴趣、信仰态度、价值观等因素造成的。该理论的最大贡献在于关注到了选择性注意与理解。这就提醒传者要关注受者的经验、态度、立场等,只有尊重受者才能取得很好的传播效果。

（二）社会分化论

社会分化论突出的群体性特征,认为人受所在群体的很大影响,社会对人的影响也是通过群体这个中介实现的。

（三）文化规范论

文化规范论认为如果大众传媒经常报道或强调某些事物、观念等,就会在受者中造成这些事物或观念是社会文化规范的印象,进而促使受者模仿,产生一定的间接影响。

（四）社会参与论

社会参与论认为受者不是被动的信息接收者,而是大众传播参与者,传者应该尊重受者,顾及受者参与的愿望与权利。

六、受者与信息

（一）选择性接触

受者在接触大众媒体时通常倾向于接触与自己观点、立场、态度等一致或接近的传播内容,有意无意地回避那些与自己既有倾向差异较大的内容。

（二）选择性理解

选择性理解是指具有不同心理特征、文化倾向的受者会以不同的方式解读同样的媒介内容,使之与自己固有的认识协调,而不是冲突。

（三）选择性记忆

选择性记忆是指人们根据各自需要在媒介信息中挑选出对自己有用、有价值的信息,然后储存在记忆里。

第三节　传者与受者的互动关系及角色转换

新闻传播的整个活动过程是由传者和受者共同决定和完成的,缺少任何一方新闻传播活动都将不复存在。在某种意义上传者与受者才是一对主体对应物,新闻信息只是建立两者的联系与沟通的无形渠道和连通物。

两者相互依存,又相互制约,存在着复杂的互动关系。在传播学理论中,施拉姆等提出的经典模式就是将传播视为两个部分编码、解码、传送和接收信号的互动,这种互动模式强调了反馈和共享信息的连续"循环"。显然,大众媒介的传播不是从信源到信宿的单向过程,而是一个循环互动的过程,信宿作为信息的接收者并不是传播的"终结点",而是反馈的"起点"。从信宿到信源的反馈可以帮助传者对后续的传播进行修正,从而使传播在互动的过程中形成一种良性循环。

一、传者与受者传播关系重构

受者是新闻传播活动中起着决定作用的主体。从理论上讲,"受者中心论"则充分突出受者在传播中的主导地位,更加强调了新闻传播活动围绕受者而展开,一切服务于受者的基本理念。虽然传者对新闻传播的内容拥有控制权,但受者对内容也具有选择性;虽然舆论具有导向性,但受者对舆论也具有自主性;虽然传者对受者能产生影响,但受者通过反馈对传播内容也有制约,不仅可以影响传播效果,也可以左右传播行为。在新闻传播的实践活动中,以受者为中心主要体现在:

(1)报道题材从民生新闻入手,将新闻策划融入人们喜闻乐见的报道形式中,以得到最佳的收视效果;同时,新闻传者注重受者的反馈,注重倾听老百姓的声音。

(2)报道角度选择平民视角。在新闻传播中,报道者尽量不要采用居高临下的说教姿态,要把自己和受者放在平等的地位。而受者一般都有一种"求近心理",只有尊重受者,从受者角度去想问题,才能获得受者的尊重和亲近。

(3)报道方式多样化兼有创新,以新的立意、新的角度宣传报道,给受者耳目一新的感觉。我们熟悉的《东方时空》就是以其多种报道方式实现新闻贴近性,满足受者的收看心理。

(4)报道原则定位在满足受者需要,说出受者想说的话,维护受者应有的权益上。假如新闻作品不能做到为受者说话,不能维护受者的权益,它所包含的价值观和导向性必然受到受者的抵制,那么新闻传播的价值也将无法实现。

(5)报道的最终目的是要实现与受者的正面接受,要避免受者的逆反心理,从而达到"处处得民心",增强宣传效果,提升收视率的目的。一个好的新闻节目,只有真正地融入受者的生活当中,真正地走入受者心里,才能保证自己的消息来源,保持长久而鲜活的生命力。

(6)报道的语言应尽量通俗化。传统的新闻报道"新闻腔"突出,语言表达刻板,模式化现象突出,严重脱离群众,不能与群众"心贴心",让受者在心理上就有一种排斥感,更何况接受新闻信息本身。

二、传者与受者互动角色与功能

（一）作为服务大众有效途径的互动

互动作为一种理念，它的基本出发点应该是"人"。正如前文所说，最大限度地彰显"以人为本"的传播理念是传者与受者互动的初衷，而这种互动首先是通过为大众服务体现出来的。服务性的互动通常是通过媒体提供各类服务性节目，如提供咨询、解答知识、交流经验，为受者释疑解惑、解决实际困难而实现的。早在1979年8月，中央电视台推出《为您服务》栏目，主要是介绍电视节目和回答观众来信。电视台介绍将要播出的电视节目，说明传者主动和观众拉近距离，让观众先睹为快，提前看到"内幕"，这在一定程度上意味着一种权利的获取和地位的改善，而同时公开回答观众来信也是对大众参与的肯定。信件交流这种方式是一种传统的带有私密性质的互动行为，当它在媒体上公开时等于是在鼓励大众的参与意识。作为党和人民的喉舌，媒体为人民服务是义不容辞的责任和义务。可以说，媒体互动是从服务开始的，在服务的过程中互动双方开始调整自己的位置，而传者也越来越重视反馈的通道。

（二）作为议程设置辅助手段的互动

议程设置理论认为，大众媒介加大对某些问题的报道量，或突出报道某些问题，能影响受者对这些问题重要性的认知。在"传者本位"的时代，新闻媒体的确主导着社会舆论的走向，但媒介对新闻的选择并不总是一定能导致观众做出相应的反应。也就是说，媒介议题与公众议题多多少少会存在偏差。

复旦大学新闻学院所做的关于中国"议题设置"的调查中，发现有些话题受者关注程度与媒体关注程度不一样。比如，受者将环保、腐败、就业这几项排得较前，而这些在媒体关注的话题中，却排在比较后的位置。也就是说，受者关心的，媒体却没有突出；受者相对不关心的，媒体却把它突出了，两者形成了错位。在"受者本位"时代，传者与受者的互动是媒介议程设置的辅助手段，让受者参与到议程设置的进程中来，能在一定程度上起到适度的"纠偏"作用。这种作用有时是通过媒体直接引用读者的言论内容体现出来的，也有通过媒体采纳读者的反馈建议后对新闻选题、方针、角度进行调整后，在后来的报道、节目中体现出来。

例如，某报纸在创刊之前，对于版面内容的设置，开展了"有奖征集办报金点子"大型问卷调查。通过市场反馈的信息，进行综合分析，将报纸定位在"替政府分忧，帮百姓解难"上。报纸创刊后，仍坚持每半年公开向读者征求意见一次，征求读者对版面、专栏的认可程度,作为设置报道内容的前提[1]。这种互动,使广大读者真正感到他们不仅是报纸的读者,也是办报的参与者。

在互动过程中,报社对读者感兴趣、关注度高的内容进行强化处理,在报道中予以体现,版面配合同时跟进,需求度足够的话可以出版相关专版、专刊,通过紧跟读者的需求来实现传播目的。

（三）作为提供大众交流平台的互动

英国自由思想家弥尔顿曾在《论出版自由》中指出:"一切看法,包括一切错误在内,对于迅速取得最真的知识来说,都有极大帮助。"弥尔顿相信真理是肯定的,是可以表达出来的,并且只要让真理参加"自由而公开的斗争",真理本身就具有战胜其他意见而存在下来的无可比拟的力量。从弥尔顿的这种思想出发,形成了现代关于"观点的公开市场"以及"自我修正过程"的概念,那就是让所有想说什么的人都自由地表达自己的思想。真空的、正确的思想会保存下来,虚假的和错误的思想会被克服。政府不应该参加战斗,也不应该协助其中的一方。尽管这种"观点的公开市场""自我修正过程"的带有理想主义色彩,但媒体作为"社会公器"有能力且更有责任为公众提供交流平台,从而使传者与受者、受者与受者、政府与公众之间形成良好的互动。

"大众传播机构应担负沟通公共消息与意见的责任",要"成为意见与批评的论坛"。[2]无论是处于哪个阶层,人们的利益都需要得到尊重,他们的话语权都应该得到保障。不同的阶层、不同的利益群体之间,也需要利益的磨合以及思想观点的交流。媒体作为最佳的公众话语平台,作为思想观点的交流市场,理应提供这种最广泛的话语交流的空间,成为整合各阶层观点的最佳场所。这对于社会克服不稳定因素,保护公众利益,建构和谐社会,都具有非常重要的意义。媒体在纷繁复杂的社会结构面前。必须尽到建构公众交流平台的责任。报纸的言论版、网络论坛等互动平台都是公众交流的"市场",这种交流要有受者与受者之间、受者与编辑之间观点的碰撞,要体现客观与公正性。以《中国青年报》的"青年话题"版面为例。用该报总编辑李学谦的话说,这个版面是追求"大嘴小嘴都说话"。一个农民的一封几百字的来信,也能刊登;专家学者的几千字的分析文章,也能刊登。特别是设立"不同观点"这样一个栏目,重视观点的冲突,让社会上不同利益的人,让批评者和被批评者在一起说话。《人民日报》编辑陈家兴撰文介绍"青年话题"版面:"话题的内容无疑是'热'的,

---

[1]　罗文全.构筑报纸与读者需求互动的平台[J].新闻战线,2003(3):68-69.

[2]　冯少华.冲突与宽容的言论生态:中美报纸言论版的比较研究[J].国际新闻界,2002(3):36-41.

多是围绕社会生活中刚刚发生的、颇为读者关注的事件、人物指点评说。话题文章不浅不深也不俗，易为读者阅读和接受，不知不觉中就会让读者喜欢上并逐渐培养出一种'我也想说'的兴趣。因此，广大读者的支持与参与是话题类栏目板块'火爆'的根本所在。它们的兴起，正是'读者办报'的一个具体体现，也是与广大读者参与社会生活、发表意见看法的意识分不开的。"[1]

传者与受者的互动应该对弱势群体的话语权给予更多的关照。多年前王小波说过这样一段话："所谓弱势群体，就是有些话没有说出来的人。就是因为这些话没有说出来，所以很多人以为他们不存在或者很遥远……然后我又意识到自己也属于古往今来最大的一个弱势群体，就是沉默的大多数。这些人保持沉默的原因多种多样，有些人没能力或者没有机会说话；还有人有某些隐情不便说话；还有一些人，由于多种原因，对于话语的世界有某种厌恶之情。"[2]对于弱势群体，中国学者郑杭生等提出以下方略：关心、支持、自助、增权。所谓增权，即"应当尊重和保障弱势群体的政治、经济和社会权利，特别是要加强民主制度建设，保障弱势群体的参与权利，尤其是保障其参与与其有关的各项决策的权利，使其能够表达和维护本身的权益。如果弱势群体被排斥在社会进程之外，不能参与相关决策的进程，他们的声音就无法表达，更谈不上有效维护其权益"。只有当弱势群体的声音通过大众传媒发表出来的时候，传媒才不会让大多数人"失语"，社会的民主进程才更进了一步。

在新媒体不断涌现并不断与传统媒体融合的背景下，传者与受者互动的途径与形式定将越来越丰富。形式是前提，但"互动"在传播过程中所扮演的角色与功能的实现最终取决于互动的内容。如果媒体纯粹为了互动而互动，将"互动"仅仅作为一种夺取受者眼球、获取经济利益的经营手段的话，则传播内容便会趋于庸俗化，其后果便是导致媒体本身公信力的下降和读者的远离。"互动意识是基于对受者知情权、话语权的尊重建立起来的，心理空间的互动含量比外在手段重要得多。"面对滚滚而来的世界性互动节目浪潮，BBC互动性节目制作部主管埃玛·萨默维尔指出："我们必须谨慎考虑，应该以互动性增强哪些节目；[3]这不是一个多多益善的问题，而是适当地选择节目，能以互动性使其价值最大化的问题。"媒体不能仅仅为了互动而互动，放弃本身所负有的社会责任，传播的内容与实质以及对受者权利的关照才是互动最终的目的。

[1] 陈家兴.传媒"话题"热：中国青年报"青年话题"版述评 [J] 工编采业务.，2000(2)：36.
[2] 王小波.思维的乐趣 [M].北京：北岳文艺出版社.1996.
[3] 于丹.电视新闻：媒体变局的聚焦点 [J] 中国广播电视学刊，2004(1)：9-11.

第七章　新闻传播媒介

第一节　媒介的发展

一、媒介的含义

"媒介"一词,最早见于《旧唐书·张行成传》:"观古今用人,必因媒介。"这里,媒介是指使双方发生关系的人或事物。其中,媒字,在先秦时期是指媒人,后引申为事物发生的诱因。《诗·卫风·氓》:"匪我愆期,子无良媒。"《文中子·魏相》:"见誉而喜者,佞之媒也。"而介字,则一直是指居于两者之间的中介体或工具。在英语中,媒介"media"系"medium"的复数形式,它大约出现于19世纪末20世纪初,其义是指使事物之间发生关系的介质或工具。这种广义的媒介,不仅在人类的日常生活中时有所闻(如蚊虫是传播疾病的媒介、绣球是传递爱情的媒介等),就是在传播学著作中也屡见不鲜。在麦克鲁汉的笔下,媒介即万物,万物皆媒介,而所有媒介都可以与人体发生某种联系,如石斧是手的延伸、车轮是脚的延伸、书籍是眼的延伸、广播是耳的延伸、衣服是皮肤的延伸,等等。

传播媒介大致有两种含义:第一,它指信息传递的载体、工具或技术手段;第二,它指从事信息的采集、加工制作和传播的社会组织,即传媒机构。这两种含义指示的对象和领域是不同的,本章所指的媒介是指传播的工具或技术手段。

二、媒介演进

从媒介发展的角度看,人类传播的历程大致可分为六个阶段,即亲身传播时代、口头语言时代、文字书写时代、印刷媒体时代、大众传播时代和网络传播时代。有学者将这称为人类传播的五次重大革命。而人类传播的五次革命,又主要表现在传播媒介的发展上,因而可说是媒介发展代表了人类文明的进步程度和社会历史的先进程度。

（一）口语传播时代

在人类还没有完全与动物彻底分离的时期，那时的传播媒介只能是靠本身的动作，或者叫作"体语"，这种原始状态的传播是由古人类的生理局限导致的。古人类学家对早期类人动物头盖骨、舌长及软骨组织结构的研究显示，这一时代的人类不具备"说话"的基本生理条件。也就是说，他们虽然已会发声，但不会"说话"。而在笔者看来，能够"发声"的生理能力，却也恰恰源于那时的"人"已经有了传播和交流的欲望，只是距离可以准确表达意思的"说话"能力，还路途遥遥。

随着古人类各种生理机能的不断进化，传播与交流的欲望和需求也在不断发展，最终为语言的诞生奠定了基础。语言不但成了人类与动物的最早的分界，而且使得人类有了最早的交际与传播的工具。施拉姆指出：语言的产生，标志着人类已经"学会把声音和它们所指的对象分离"，拥有了可以随处可带和用来在一切地方都指同一样东西的声音符号，而无须指着对象或站在对象旁边嗥，从而摆脱了亲身传播时代人的信息传播对"具体对象"的依赖，极大地拓宽了传播范围，丰富了传播内容。这就是人类的第一次传播革命。

（二）文字传播时代

在第二次传播革命中，人类发明了文字。这个时代大约始于5000年前。

口头语言传播给人类传播带来了许多方便，但是，口头传播的传受双方必须同时在场，而且口头语言传播又有"转瞬即逝"的特点。随着人们之间交往活动范围的日益扩大，为了形成更加复杂的社会组织，也为了传承知识和经验，人类又在传播的媒介形式上进行了更大规模的创造。于是，各大古代文明先后发明了文字。这使人类在"学会把声音和它们所指的对象分离"，即发明了语言之后，"又学会了把声音同发出声音的人也分离开"。于是，媒介的功能产生了更大的延伸。文字是记录和传达人类语言的书写符号，是使更多的人可以在更大范围和更长时间内进行交流和传播的新工具、新媒介。它的产生是人类进入文明社会的重要标志。

（三）印刷媒体时代

第三次传播革命就是印刷术的发明。用印刷手段传播信息，克服了书写传播用手工书写难于大规模复制信息的局限性。在这之前，由于媒介笨重、符号复杂、复制困难以及传播垄断，书本知识只被少数人掌握，竹简、帛书、邮报等书写媒介也只能在上流社会中传递。印刷术给整个人类社会的发展带来了巨大的影响。利用印刷术，人们可以大量地、高效率地获取信息，一本书可以精确地复制、成批生产，文化因此得到了更为广泛地传播。印刷术的产生和流传还打破了少数人对知识的垄断，加速了新思想、新观念在更大范围内进行有效的传播，进而在西方首先引发了文艺复兴，并导致了工业革命。而随着印刷技术的发展，报纸等新闻出版物很快就在全世界普及开来。

按照美国社会学家查尔斯·库利在《社会组织》（1909）一书中的观点，报纸、书籍和杂志作为新的大众媒介，它不仅消除了人们相互隔绝的障碍，影响了社区相互作用的方式，而且引起了社会的组织和功能的重大变化，甚至永久地改变了那些使用者的精神面貌和心理结构。因为，"个人通过与更大范围的、更多样化的生活发生关系而头脑开拓，而且这种生活给他带来的大量的不断变化的启发，使他保持兴奋，有时甚至兴奋过度"。总之，印刷术所带来的传播革命，使人类社会在各个方面都发生了前所未有的深刻变化。

（四）大众传播时代

电讯技术的发明，引起了第四次传播革命，也使人类社会开始真正进入了大众传播时代。大众传播时代的到来首先是由于大众化报纸的出现。由于工业革命带来的造纸、印刷、交通等领域的一系列巨大变革，极大地降低了报纸的生产成本，提高了报纸发行的数量和速度，为报纸的大众化奠定了物质基础。从20世纪三四十年代起，美国、英国、法国等相继进入大众化报纸时代。而在定期印刷的报纸产生了300年后，又出现了广播和电视这两类大众传播媒介。广播的产生，标志着电子媒介时代的来临。到1936年11月2日，世界上第一座电视台——英国广播公司（BBC）电视台正式开播，电视新闻媒介正式产生。至此，大众传播时代真正来临。

在人类的第四次传播革命中，以广播和电视为主体的电讯传播，不仅彻底突破了时间和空间的界限，使信息传播瞬间万里，而且摆脱了印刷传播中必不可少的物质载体（书、报、刊）和运输工具等方面的束缚，为信息传播开辟了一条更加便捷、高效的空中通道。同时，电讯传播也不像印刷传播那样是将人推向信息，而是将信息推向人。接收印刷媒介中的信息，最起码的条件是识字，而接收电讯媒介中的信息，只要懂得口头语言就可以。因此，罗杰斯指出，电讯传播是"在没有识字需要的情况下，为人类提供了超越识字障碍、跳入大众传播的一个方法"[1]。大众传播时代的到来，从根本上改变了人类的信息传播方式，并进而深刻地影响了整个人类社会的发展进程。

---

[1] 邵培仁.传播学导论[M].杭州：浙江大学出版社,1998：76-77.

（五）网络时代

网络传播的出现被称作第五次传播革命。网络传播也被称为互动传播，它是以电脑等数字信息处理终端为主体，以多媒体为辅助的、能提供以交谈方式来处理包括捕捉、操作、编辑、存贮交换、放映、打印等多种功能的信息传播活动。由于网络传播是把各种数据、文字、图示、动画、音频、图像以及视频信息组合在电脑上，并以此互动，所以一般以 1946 年埃克特等人研制成功的世界第一台电脑主机"埃尼阿克"（E—NIAC）的诞生年，作为第五次传播革命的纪元。美国于 1969 年实现电脑对接，又于 1980 年结成互联网络，1994 年各发达国家纷纷提出"信息高速公路计划"，中国亦及时跟进。50 多年来，电脑更新换代越来越快，体积越来越小，造价越来越低，而功能却得到了全方位的拓展，操作也日趋简易化、人性化。而随着移动互联网的迅速普及，网络传播正在经历更具革命性的变革。在这一次的传播革命中，电脑已不再是唯一的互联网接入终端，以手机为代表的各类移动设备成了引领传播革命的先锋。而这些数字信息处理终端加上各种软件和多媒体的广泛应用，无疑已经成为人们综合处理人际传播、组织传播、大众传播的主要媒介。人类已经进入信息社会，并将进入一个综合传播的新时代。

三、媒介控制

每个国家的媒介都处于一定制度的管控之下。所谓媒介控制是指一定社会制度中对大众传播活动直接或间接地制约和控制。

（一）媒介控制的主要类型

一般而言，媒介控制主要分为四种类型：一是国家和政府通过制定法律法规和政策等实施政治控制；二是各种利益及群体和经济势力通过各种手段直接或间接地控制；三是广大受者的社会监督控制；四是传播媒介的内部控制。

（二）媒介控制的相关理论

1. 极权主义媒介规范理论

极权主义媒介规范理论认为报刊必须对当权者负责，维护国王和专制国家的利益；报刊必须绝对服从于权力或权威，不得批判占统治地位的道德和政治价值；政府有权对出版物进行事先检查，这种检查是合法的；对当权者或当局制度的批判属于犯罪行为，给予严厉的法律制裁。在极权主义媒介制度下，报刊和出版受到的管制是严厉的，甚至是残酷的。

2．自由主义媒介规范理论

自由主义媒介规范理论也称报刊的自由主义理论，其核心反映了资产阶级自由主义的观点，即认为报刊应该是"观点的自由市场"，是实行自律的自由企业。自由主义理论的主要内容包括：任何人都拥有出版自由而不必经过政府当局的特别许可；除人身攻击以外，报刊有权批评政府和官吏，这种批评是正当合法的；新闻出版不应接受第三者的事先检查，出版内容不能受到任何强制；在涉及观点、意见和信念的问题上，真理和"谬误"的传播必须同样得到保护。

3．社会责任论

社会责任论由美国新闻自由委员会于1947年出版的《自由与负责的报刊》一书中提出，具体观点为：大众传播具有很强的公共性，因而媒介机构必须对社会和公众承担和履行一定的责任和义务；媒介的新闻报道和信息传播应该符合真实性、正确性、客观性、公正性等专业标准；媒介必须在现存法律和制度的范围内进行自我约束，不能煽动社会犯罪，不能传播宗教或种族歧视等的内容；受者有权要求媒介从事高品位的传播活动，这种干预是正当的。

4．社会主义制度下的媒介规范理论

社会主义制度下的媒介规范理论的具体内容为：传播媒介和传播资源是国家的公有财产，不允许私人占有；传播媒介必须为人民服务，必须接受工人阶级先锋队——共产党的思想和组织上的领导；媒介必须按照马列主义原理、社会主义的意识形态和价值体系来传播信息，宣传、动员、组织和教育群众；在服务社会总体目标的同时，媒介应该满足广大群众的愿望与需求；国家有权监督和管理出版物，取缔反社会的传播内容。

第二节　传统媒介

一、报纸期刊

实际上，在报刊历史发展的一个很长时期，报纸和期刊并无太大区别。我国清末的《京报》，号称"报"，其实是十几页或数十页装订成册发行，严格来说，仍是期刊。童兵教授认为，从出版史考察，报纸是从期刊发展而来中，而期刊又是从书籍分化出来的。印刷术发明并在全世界推广之后，最早出现的便是书籍，从手抄著述发展到印刷书册。经过若干年，人们才开始以连续出版的形式印刷期刊。

据专家研究，期刊即杂志一词源于阿拉伯文的"仓库"或"军用品供应库"，它被人用来指期刊的代名词还不到 4 个世纪。1731 年，英人爱德华·克伏出版了一种期刊，译成中文可以叫作《绅士知识供应库》，供给绅士们各种艺文、科学和新闻资料。以后，类似的期刊就逐渐风靡于世界各地。中文对期刊最早的译文是"统记传"，意即本书无所不记，借此广为传播。如最早的一本近代中文期刊——1915 年由伦敦布道会传教士罗伯特·马礼逊和威廉·米怜在马六甲创办，就叫《察世俗每月统记传》。实际上，我国曾长期用"报"而不用"期刊"称呼杂志。如梁启超主编的《时务报》、章炳麟主编的《经世报》，都是典型的期刊。而最早以期刊、杂志等名称呼的，要数《东方杂志》，此刊由商务印书馆于 1904 年创刊。可见，我国报与期刊的明确区分，要追溯到 20 世纪初。

报纸与期刊作为现代新闻传播事业中共同以文字作为传播符号的印刷媒介，有着不少共同的功能，但两者又各自有不同的特征。报纸之所以从杂志中分离出来，独立出一种全新的新闻媒介形式，主要就是因为社会生活节奏的加快，可以说，是新闻手段与生产能力不断演进的必然结果。具体来说，报纸和期刊的不同之处在于：

从出版周期来看，报纸的周期短，期刊的周期长。一般的报纸都是每日出版，甚至一日数刊，周期最长的也是周刊或旬刊。而期刊中的周刊是最短的，一般为月刊或双月刊，其次则有季刊甚至年刊。这样，报纸与期刊的出版速度也就大不一样。报纸要求非常迅速，期刊则相对较慢。一张日报，从来写到出版，一般不到 24 小时；一本期刊，则要经过很长时间的编辑、印刷以及最后装订等。

从所提供的新闻量来看，报纸由于刊期短出版快，提供的新闻远比较长时间才出版一期的期刊要多得多。所以，报纸一般在新闻的数量和反映的快速上做文章，而期刊则只能扬长避短。在新闻的深度和文化与思想的内涵方面发挥优势。

然而，报纸与期刊的不同，最主要的还是各自承担的传播任务、发挥的传播职能不同。也就是说，主要的区别在于各自刊载的内容侧重点不同。用马克思和恩格斯的话来说．就是："报纸最大的好处，就是它每日都能干预运动，能够成为运动的喉舌，能够反映出当前的整个局势，能够使人民和人民的日刊发生不断的、生动活泼的联系。至于杂志，当然就没有这些好处。不过杂志也有杂志的优点，它能够更广泛地研究各种事件。杂志则可以详细地、科学地研究作为整个政治运动的基础的经济关系。"①我国也有学者曾经提出，报纸以报告新闻为主，而期刊以刊载评论为主。随着新闻事业和社会生产力的发展，报纸和期刊的形式及种类越来越丰富，分工也越来越精细了。

二、广播、电视

广播和电视是电子时代的新闻媒介,是科技革命的产物,与报纸和期刊相比出现的时间要晚许多。广播是通过无线电波或导线传送声音的新闻媒介,电视是运用电子技术传送声音、图像的一种新闻传媒。

就两者的特征而言,与传统的印刷媒体相比较,它们都有着以下几点强大优势:第一,对象广泛,不同年龄、不同地域、不同文化层次的人群,都可以自由地收听收看。第二,传播迅速,世界上每有重要事件发生,一瞬间就可通过电波传送到每一个区域和角落,完全不受时间与空间距离的局限。第三,功能多样,既可以传播新闻,又可以传授知识,提供娱乐和多种服务。第四,感染力强,尤其是电视媒介,更可以使得受者"身临其境",比报刊上的文字更显得有生命感。而电视媒介的视听兼备,集形、声、色、动于一体,综合绘画、音乐、文学甚至雕塑等多种艺术的优长,表现力更强,节目内容更加丰富,又比广播在与受者的亲和力方面大大前进了一步。

当然,广播和电视也存在劣势,因为它们都采用顺时连续播出的方式,内容转瞬即逝,不便选择和保留。这一点就不及报刊,可以自由翻阅,过后还可长期保存。这样的不足,即使在录音机和录像机普及之后,也仍然会存在。所以,印刷媒体在电子传播时代仍然有着不可替代的长处。

三、新闻媒介

新闻媒介是以传播新闻为主要任务的媒介载体。就近现代以来的新闻媒介而言,报刊、广播、电视三大新闻媒介,一直呈三足鼎立之势,在形式上相辅相成,在新闻传播的历史长河中扮演了极其重要的角色,时至今日仍然具有非常大的社会影响力。

(一)新闻媒介的个性特征

新闻媒介区别于其他媒介的个性特征主要表现在以下四个方面:一是以新闻报道的迅速、及时见长;二是以新闻报道的真实、客观、公正取胜;三是以发表具有独到见解的评论为世人瞩目;四是以编排新颖活泼、独创性的作品吸引大众关注。

(二)新闻媒介的双重属性

我国新闻媒介属于"事业性质,企业管理",即在政治上恪守党性原则,在经济上按社会主义市场经济规则办事。具体而言.体现在以下两方面:

1.政治属性

新闻媒体作为党和政府的喉舌,承担着重要的宣传任务,肩负着引导社会意识形态、弘扬社会主义核心价值观等各项重要责任，因此新闻媒介具有很强的政治色彩，遵从政治家办报的原则。

2. 产业属性

新闻媒介不仅具有政治属性，而且作为信息产业的重要组成部分，在经济上自主经营、自负盈亏、依法纳税，具有很强的产业属性。

第三节　电子媒介

一、电子媒介的演进

（一）广播的发展

1920年11月，美国西屋电气公司主持建立的广播电台在匹兹堡正式播音，呼号KDKA，这是美国第一个有营业执照的商业广播电台，也是世界公认的第一个正式广播电台。其以新闻节目的播出为主，对美国总统候选人哈定和柯克斯的竞选播报，使其名声大振。之后，法国和苏联也分别于1921年和1922年建立了自己的广播电台。随着电台的日益增多，为了协调国际间的电波使用秩序，1925年国际广播联盟在日内瓦成立。1927年10月，国际广播联盟在华盛顿召开世界广播大会，决定把全世界的广播地域分成15个波长带，制定了频率分配表，使各国电台广播不至于相互干扰。广播出现后迅速在世界各国普遍发展起来，不仅广播电台的数量快速增加，节目类型也日渐多样，内容不断丰富[1]。

（二）电视的诞生

电视是通过无线电波或导线传输声音和图像的大众传播媒介，电视的产生与发展同样得益于电子技术的进步。随着时代的发展，电视从内容到形式都进行了变革，无线传输技术使人们可以跨越时空看到从遥远的地方传来的图像，三维动画技术使电视画面更加丰富和生动，数字化的设备使电视图像更加清晰。可以说，电视媒介发展的每一步都离不开科技的探索与演变。

第二次世界大战结束之后，电视技术获得了突飞猛进的发展。经过科学家的努力，人们相继突破了光学、色变学和信息传输理论等一系列难题，制造出彩色摄影管和彩色显像管。1951年，美国哥伦比亚广播公司（CSB）、美国广播公司（ABC）分别

---

[1]　骆正林.新闻理论教程[M].北京：北京大学出版社,2010.

试播了彩色电视节目,美国因此成为世界上第一个播出彩色电视节目的国家。随后,世界各国都进行了自己的电视技术研究,并出现了包括 NTSC、PAL、SECAM 在内的三种制式,我国的电视采用的是 PAL 制。

二、电子媒介的特征

(一)广播

广播通过无线电传播声音,属于电子媒介的一种,与其他媒介相比,广播媒介有以下一些特点:

1. 广播的传播范围广

一般来说,纸质媒介的传播受到发行范围的限制,电视的分布需要信号传输的支持,而广播虽然是电子媒介的一种,却可以不受其他附加条件的限制,实现超远距离的信号接收,特别是短波频段。有学者指出,相对于卫星电视和网络广播,短波是不受网络封锁和有源中继转发约束的传播手段,而调频和地面电视的发送方式则需要对象国政府的配合,内容需要经过审查。简单地说,一旦对象国发生战争或灾害等突发事件或发生重大的全球性危机,现代化的国际性大众传播工具有可能被封锁、破坏、屏蔽、切断或因过载而瘫痪,这时,短波国际广播就变成了万无一失的传播工具,可以将信息传达给国外听众和海外侨民。

除此之外,对于那些卫星电视信号难以覆盖、纸质媒介发行难以到达的偏远山区,广播也可以实现信息的传播。因此,在我国,对农广播在很长一段时间内,都是必要存在的。

2. 广播的现场感

与纸质媒介相比,广播不需要复杂的后期写稿过程,在新闻现场即可以传递声音,实现现场播报。与电视相比,广播没有复杂的拍摄与后期制作过程,即使都是现场直播,广播的信息传输仍然要比电视简单很多。

技术上的特点,使得广播在遇到重大突发事件时,能够第一时间反映事件的真相。"5·12"汶川大地震发生后,中央人民广播电台的记者王亮率先进入震中汶川县映秀镇,使中央人民广播电台成为最早在震中直播部队救援的媒体。这便是广播轻便、快捷的优势体现。

3. 广播的渗透性

广播是声音的媒介,相较于文字传播,声音几乎没有壁垒,只要听力健全就能听懂广播,可以说,广播是最没有门槛的媒介之一。有资料显示,我国曾经以拥有 5 亿台收音机,广播人口覆盖率超过 90% 的惊人数字位居世界广播大国的行列。有广泛的收听对象意味着广播具备良好的舆论引导能力,广播的强大渗透力也使其具有宣传工具的特征,这一点,在战时尤为显著。

4. 广播的声音感染力

简单地说,广播是声音的媒介,但在实际操作过程中,音响与音乐也是广播中不可缺少的元素。因为没有视觉画面,广播诉诸听觉的"唯一性"能够给听众以想象的空间,使得听众在收听时会对各种人物和场景进行建构。例如人们听见记者的声音伴随着炮火的轰鸣声,便会去想象这是从战场传来的新闻。再如,夜间档的热线类节目,主播温柔的声音配合舒缓的音乐,会让听众对话筒那端的亲切形象产生想象。这种想象是有悬念的、有期待的,因此也是趣味所在,这种独特的感染力正是广播的魅力所在。

5. 广播的伴随性

广播在传播的过程中只需调动人们的听觉器官,所以人们在听广播的同时还可以从事其他活动,比较典型的是城市交通广播和音乐广播,收听对象主要是驾车的司机。广播可以让旅途不再单调,即使堵车也不会难以忍受。此外,一些老年人也习惯在晨练的时候收听广播,接受信息。这种伴随性的特征是广播特有的,既能提高人们的时间利用率,又能在不知不觉中让信息被听众接受,实现其传播效果。同时,因为广播制作技术的特点,可以实现较强的互动性,听众可以直接打电话与播音员进行交流,就某个问题发表自己的观点,这也是对于电子媒介的强势传者地位的一个突破。

6. 广播的线性传播

这是电子媒介共有的问题,与纸质媒介和网络媒介相比,线性特点是难以打破的劣势,目前解决办法是寻求网络的帮助,将线性打散,节目分条上传,可以满足一部分听众的选择性收听。

7. 广播的深度

纸质媒介可以将复杂的抽象问题转化为文字,文字具有的属性能够表达深度的含义,而广播作为一种口语传播的媒介,很难去解释复杂的事情,更谈不上深层次的调查与解读。与电视相比,广播没有图像,很多问题的直观性呈现也必须依靠语言,这就造成了广播现在的尴尬局面,既达不到深度,又不够简明,想要解决这个问题需要播音员有极高的语言技巧。

8．广播的终端

在当今这个时代，人们接收信息的工具大多是互联网和手机，电视作为家庭收视的重要媒介，也在传播中占据着一席之地。只有广播，在终端竞争中处于不利的地位，很少有人会为了听广播而专门购买收音机，广播的发展越来越依靠车载这样的伴随性装置。想要解决这个问题，关键在于思路的转变。与新媒体合作发展网络广播；与智能手机终端合作开发手机接收广播信号，这些都是现今广播发展的新途径。我们对声音的记忆与文字的记忆似乎是有很大的不同，电视画面好像多少干扰了我们对声音的记忆，因此，广播的内容呈现方式仿佛是围绕记忆而展开的，声音的互动远胜过文字和画面的互动，这就是为什么电台热线如此重要。比起其他媒介，广播更适合把复杂的东西简单化。

（二）电视

1．电视的形态

电视区别于其他媒介的最主要的特点，是它不仅诉诸听觉，还诉诸视觉。这种特点使得电视特别适合报道现场感强、有视觉冲击力的新闻，在一般重大事件的现场直播中，电视总是扮演着最重要的角色。

2．电视的传播

电视以电波为载体来传输视频信号和音频信号，传播速度很快，几乎能够实现实时直播，同步反映新闻事件的发展。近几年，直播已经成为电视新闻发展的常规态势，从基本的重大事件直播，如香港回归、北京奥运会开幕式；到灾难事件的突发应急直播，如汶川地震；再到策划性强的大型直播特别节目，如东非野生动物大迁徙直播、亚马逊河大直播。直播的形态在变、理念在变，只有对现场的即时呈现没有改变。

3．电视的功能

电视能够展现形态、声音、色彩的各种美，综合了绘画、雕刻、建筑、音乐、诗歌舞蹈、戏剧、电影的各种表现形式，节目内容丰富，涉及人们日常生活的方方面面，就我国的电视节目而言，主要有新闻类、咨询服务类、娱乐类、艺术类等各种类型，并且有丰富的形态供用户选择。

4．电视的受者

电视媒介的受传者极其广泛，不同年龄层次、不同文化程度、不同职业、不同民族的人都可以收看并从中获取信息，在不同的新闻媒介受者中，电视的普及率最高，电视观众的数量也是最多的。同时，电视是视听结合的媒体，对于不同的题材可以有不同的表现手法，既可以表现深奥的内容，如深度访谈、专家解读这类偏向于语言文字的处理方式；也可以表现通俗的内容，采取简单的声音配画面的处理方式。

5．电视与民主

无论文字怎样通俗，其特有的属性，仍然会使表述和理解之间存在差距，教育水平和理解能力是人们对文字信息产生不同认知的主要壁垒。然而，电视采用的声画符号，具有走向感官表层的趋势，容易被理解和接受，因此，电视的传播天生具有民主的色彩，任何健康的人接收信息的权利都是平等的。电视具有电子媒介所具有的普遍特点，同时也具有普遍的缺点。一方面，线性传播是电子媒介无法克服的困难，在线性传播过程中，观众只能根据电视播出的顺序来选择是否观看，却无法直接选择观看的内容，选择性差是电子媒介逊色于网络等新媒介的主要短板。另一方面，电视对画面的依赖使其具有再现上的缺憾，对于报纸和广播来说，事件发生后可以用文字和语言来还原事实，公众可以通过想象再回到现场，而电视却是直接再现的艺术，当事件发生时如果不能记录到现场画面，就留下了艺术上的缺憾。至今为止，并不存在一种媒介内容只适合一种形式来表现的情况，反过来说，也不是一种形式只能表达一种内容。电视也不例外，画面和线性肯定是重要元素。同时，也不能忽略观众的视觉感受。

三、电子媒介的软肋

如果说前文提到的电子媒介因为媒介属性导致的诸如线性化、选择性差等问题是电子媒介的硬伤，那么，因为电子媒介从业者的错误认知及媒介竞争的环境带来的问题则是电子媒介的软肋。在当下，电视作为最大众化的媒介，在获得关注的同时也面临着很多诟病。以舆论监督为主的新闻类节目优势不再，以综艺吸引眼球的娱乐节目缺乏创新，没有底线，曾几何时能造成万人空巷效果的电视剧陷入同质化、低俗化的困境，这些都是当下电子媒介尤其是电视发展的问题所在。

1．舆论监督的弱化

一方面，电视作为电子媒介，传播速度无法赶超网络，很多热门事件都是由网络引发，即使电视媒体不遗余力地报道后续事宜，电视也已经沦为了第二战场，时效性的缺失，让电视在舆论监督的一开始，就走在了后面。另一方面，网络的开放，让电视舆论监督的权威性也受到了挑战。权威发布往往会产生缺陷，对真相的模糊和掩盖让电视在观众心中的权威产生动摇，官方性质、严苛的把关制度使电视舆论监督往往不敢轻易对某一人物或事件提出质疑，甚至一个细节的不确定都会让整个事件停留在等待的状态。而网络监督往往是碎片式的引发，通过网友的围观，不断注入新的信息，经过补充、求证、质疑、解惑，在不断膨胀的关注流程中完成对事实的筛选和核定。因此，网络监督尽管一开始质疑声不断，但可以在互动中求证，而传统的电视舆论监督依旧是靠领导批示形成监督效果，如果没有网络的助推，很难形成骤发性的围观效果。所以，随着网络监督、微博政务的兴起，电视的舆论监督功能被弱化，这是电子媒介尤其是电视需要面对的一个难题。

2．娱乐

海外的娱乐节目模式占据了中国电视荧屏的大部分时段。这反映出两个问题：其一是娱乐节目过多，即使是在"限娱令"颁布之后，娱乐节目的数量也没有从实质上发生改变，娱乐成风，娱乐至死，仍然是当下电视媒体追求的主题。其二便是令人担忧的创新能力疲弱，中国拥有世界上数量最多的电视播出平台与电视观众，但是电视节目的差异化与创新性稍差。究其原因，最主要的是因为日益激烈的媒介环境。各大卫视不仅要与同类媒介竞争，更要面对新媒体分流大量观众带来的压力，在新闻资讯类、财经类节目上又难以与中央媒体竞争，在争抢电视剧资源之余，各大卫视要依靠综艺节目来突出重围。但是，研发创新人才的稀缺以及对原创节目的低投入，导致了满屏皆是的综艺节目良莠不齐，为了追求短期的高收视率，很多电视台走上了引进海外节目的道路。到目前为止，这些节目中的部分在国内市场上取得了不俗的成绩。然而这些海外节目样式的引入热播，也带来了一些隐忧：一味依赖引进会不会弱化国内本来就薄弱的原创能力？既然引进节目样式可以确保高收视率并赚钱，又如何激发国内电视业甘冒风险自主研发新节目？

3．电视剧的困惑

近年来，对电视剧的批评主要在于它的娱乐化，虽然没有像综艺节目那样，但从戏说历史到穿越成风，电视剧的泛娱乐化引起了越来越多的关注。作为收视率的主要拉动者，电视剧在卫视竞争中扮演着重要的角色，但如今，越来越多的电视剧走上了题材雷同、剧情雷人的不归路。

第四节　新媒体时代媒介

一、互联网

互联网，是一种把众多计算机网络联系在一起的国际性网络，它是计算机技术、信息技术与通信技术融合的产物。[1] 互联网是当代世界上规模最大的超远距离信息

---

[1]　匡文波．网络传播技术 [M]．北京：高等教育出版社，2003．

传送网络,被人们视为自报刊发明以来的一项无与伦比的创举,是信息生产、传播及交换领域的一场革命。

1.传播快捷

与纸质媒介和电子媒介相比,互联网内容制作简单,经后台编辑处理之后,可以随时上传,尤其是在自媒体时代,每个人都能成为内容发布者省去了制作和审核的时间。并且,互联网是一个全天候的媒介,不像报纸有发行周期,广播电视有节目时段的要求。只要有突发事件,互联网可以随时通过小弹窗、头条更新等方式第一时间进行关注。

2.海量信息

在如今这个信息爆炸的时代,互联网带给我们的是海量的信息,海量的内涵不仅是数量,更多的是无边界化。在互联网上,几乎能找到我们想要知道的任何事情。同时,运用数字化处理手段,互联网上的任何一条信息从技术角度上来说都可以永远存在,就好像这片大海只有河流汇入,而没有海水流出。长此以往,信息的容量甚至难以用"爆炸"来形容。此外,类似于"百度知道""维基百科"这样的科普性网站,可以进行交互式的问答,也就是说,在互联网上,每个网民的智慧是可以被交叉利用的,这又给了海量的互联网信息以新的增长点,互联网的特性还使其具有资料库的功能。

3.全球性和跨文化性

通过网络,我们可以浏览、搜索、分享各种信息,其中很大一部分信息实现了跨国交流,我们能够在视频网站上看到美国的电视剧,能在购物网站上购买欧洲的商品,能在专业论坛上与各国专家共同讨论国际上最新的研究成果,这都是网络全球化带来的便利。不过,需要注意的是,正是因为互联网具有全球性的属性,我们在互联网上进行信息交互时,要注意尊重他国的文化,构建和平的网络环境。

4.交互性强

传统媒体的传播方式基本上是单向的,即使和受者之间存在沟通,也难以实现即时性和双向性。网络则具有很强的交互性,电子邮件、论坛和博客都能很便捷地反映受者的意见,并实现与传者的沟通。如今,即时性的交互软件在更大范围内得到了使用,从微博到微信,传者与受者的地位开始变得微妙,这一秒你是传者,下一秒你就可能去接收他人的信息,成为受者。传播的频率加快,你来我往使得大众传媒的单向性彻底瓦解。

5.形式多样

纸质媒介是视觉媒介,电子媒介实现了声音和图像的融合,而到了网络媒介,信息表现变得更加丰富多彩,打开网页,一条新闻可以有文字描述、有图片记录、有现场视频有解说声音,甚至可以配合动画等多媒体手段进行展现,人们对于信息传播的表现形式变得超乎想象的丰富,传播效果也比以往的任何一种媒介都要好。

比如,博客可以说是最个人化的内容表达方式,博客被微博快速替代的事实证明内容长短对传者和读者都有影响,在网络世界中更是如此。博客似乎是首次在网络的内部社会建立了一个独特的内容通道,在一定程度上它和网络实现了某种分离,它影响的好像是一批分离开的独立阅读群体。每一种媒介都会有它独特的内容呈现模式,微博也不例外。微博的内容呈现和速度有关,也和内容短小分不开,它好像更适合做内容的发动机。而到内容传播的第二阶段时,传统媒体呈现方式就逐渐显露出更大的优势了。

6. 网民也是传者

网络是没有门槛的,每个人都有发布信息的权利和能力。在互联网的世界里,即时报道的记者身份被虚化,信息不受人为的限制,并能通过滚雪球的方式形成巨大的影响力,这种现象宣告着自媒体时代的到来。

微信和微博的最大区别在于"精准"两个字。微博是当微博主发出一条信息,粉丝就可以通过自己的主页看到博主发出的内容,但是现在一般人都关注了大量的博主,在海量信息之中,对于某一条内容的接收是随机的;而微信则不同,微信公众平台账号发出一条群发消息,所有关注的人都会收到这条消息,点对点的性质更强。

此外,在微信上,用户需要互加好友,以对等关系进行对话;而微博普通用户之间并不需要互加好友,双方的关系并非对等,而是多向度错落、一对多进行。微信是私密空间内的闭环交流,微博是开放的扩散传播。一个向内,一个向外;一个私密,一个公开;一个注重交流,一个注重传播。

二、手机

互联网技术在革新的同时,现代通信技术尤其是移动通信技术也得到了飞速的发展。手机日益普及,功能越来越全面,越来越强大,智能化是现代手机演进的方向。手机已经从个单纯的通信工具变成了集便携通话、娱乐功能、传播媒介为一体的新型信息化终端,并在与互联网结合的过程中表现出了前所未有的优势。有学者认为,手机可以被看作继报刊、广播、电视、互联网之后的第五媒介。

1. 时效性强

手机的传播非常迅速,受者接收新闻不再受时间与空间的束缚。2003年2月1日22时32分,美国哥伦比亚号航天飞机失事16分钟后,新浪网就把这则新闻以手机短信的方式发送给订阅手机新闻的用户,开创了国内手机传播新闻的先河。到了当天23时50分,央视一套才在节目中插播了哥伦比亚号失事的新闻,比短信晚了一个多小时,而纸质媒体到了第二天才刊登出此则新闻。现在,不仅是手机短信,很多大众媒体还借助于手机 APP 软件来发布即时信息,比较常用的是微博和微信的订阅推送,这是在发行周期之外进行补充传播的手段之一。

2. 便携灵活

手机与电脑相比,其优点是便携小巧,与受者的关联度高,无论是在公共交通工具上,还是在排队等候的闲散时间,手机几乎成了人们利用率最高的现代化通信工具。有一句笑话说"真正的朋友,就是在一起的时候不看手机",可见,手机在人们的生活之中扮演着多么重要的角色。在这种情况下,以手机为媒介进行信息传播,到达率是非常高的,传播的效果也是非常好的。

3. 个性化传播

手机媒介具有极强的个人属性,因为这是我们日常生活中利用率最高的现代化通信工具,难免会带有个人色彩。从信息传播的角度来看,主要表现为选择性的关注与选择性的订阅。对体育感兴趣的人,可以通过手机客户端关注体育媒体,或者订阅体育新闻;对经济感兴趣的人,亦可以订阅经济类的新闻。在手机时代,每个人接收的信息都是不同的,细分化的市场为媒介提供了更大的发展空间。

4. 互动传播

通过手机进行的传播,往往包含大众传播、群体传播与人际传播。在大众传播阶段,通过手机,传者与受者之间可以实现良好的互动,如在媒体官方微博上留言;在群体传播阶段,网络或手机联系起来的群体本身就需要互动维系,如群发短信讨论事情或利用手机客户端在 QQ 群、微信群进行信息的互动;在人际传播阶段,手机的互动性更加明显,无论是通话还是发送短信,其实质都是人与人之间的互动沟通。而这三种传播方式的结合,更能提升信息源的影响力。

三、不断扩展的媒介

在媒介研究大师麦克卢汉,"媒介是人体的延伸",媒介可以是万物,万物皆媒介,所有媒介均可以同人体器官发生某种联系。在融媒体时代,媒介定义的外延必然会更为广泛,"媒介就是渠道",所有能将传受双方互联互通,并承载信息、意义与文化的介质都可以看作媒介。

融媒体时代的创新,首先是理念上的创新,如对于"媒介"的理解,随着新生事物的不断加入,其外延将更加广泛。比如,星巴克、7-11 快捷点算不算媒介?无疑,星巴克之类的门店必将会成长为新兴媒介,而目前它们也是我们这些传统媒介可以利用的、非常好的"辅酶"。

第八章 新闻传播效果与社会功能

新闻传播的直接功能是人们在社会中可以直接感知到的作用力，影响着人们对环境的认知。其深度功能则通过对人的社会化、政治、经济的深入影响改变着世界的状况。这种深度功能建立在直接功能的基础上，是一种潜移默化的影响，但这种影响最为深远。新闻传播也会产生一定的负面影响，这也是新闻传播者和受者应该尽量避免的。

新闻传播媒介对社会的巨大作用可称为新闻传播的功能。新闻传播的直接功能是指新闻传播产生的积极影响，这种影响是直接的、明显的，人的感官可以很快观察到；其深度功能是指媒体对社会的积极影响是久远的、纵深的，能促进社会的深刻变革，人们在短时间内还无法把握。同一种功能既可产生正面积极的作用，也可产生负面消极的作用。新闻传播的各种功能也是如此，因此要尽量避免负面作用的产生，促进新闻传播积极功能的实现。

第一节 新闻传播的直接功能

新闻传播媒介的直接功能使人们直接认识媒介的影响力，按照媒介的引导去思考和行动，提高人的行为的自觉性和目的性。直接功能来自媒介内容给人的思想和生活带来的变化，影响人们对环境的认知，以便更好地认识环境，适应或驾驭环境。新闻传播的直接功能，归结起来有以下几种。

一、提供信息，沟通情况

传送和接收信息是传播的基本功能，这是其他功能与作用的基础。新闻传播媒介的所有其他功能都是在信息功能的基础上产生的。人们之所以需要新闻传媒业，最主要的就是为了从中获取各种与自己利益相关的信息。新闻传媒业发挥沟通信息的作用，不但通过刊登大量的新闻，而且通过评论和广告予以实现。人们获得的信息越是丰富和优质，就越能够判断正确、预见准确，活动的选择余地就越大。从小处来说，人们需要了解衣、食、住、行等方面的最新行情，在丰富物质生活的同时，对精神消费也有了更高的期待,因此更多的关于娱乐、健身等方面的信息出现在新闻传播当中。从大的方面来讲,个体与组织、社会与国家、政治团体与经济实体,都需要随时了解世界的变动情况。在现代这个信息社会中,生产技术的发展、科学知识的更新、社会生活的变化,都呈现出前所未有的速度。人们之间的交往日趋频繁,联系越来越密切,这都需要掌握各方面的信息,以便随时调整自己的言论和行动,适应情况变动的需要。

与传递信息相联系,沟通情况也是新闻传媒业独特的社会功能。新闻传播媒介通过提供大量的信息,做到上情下达、下情上达,使党和政府的思想观点、方针政策及时为群众所了解。同时,政府和各职能部门知晓群众的愿望、意见、批评和建议,新闻传媒真正成为信息沟通的"纽带"和"桥梁"。

在现实社会中,新闻传媒还扮演着"瞭望者"的角色,引导人们齐心协力地适应环境,共同克服环境中的不利因素。这一作用由以下环节构成:一是提供环境信息,使人们正确认识环境;二是使社会各部分通过适应环境而建立相互联系,协调行动,促进社会整合;三是通过不断积累最新信息,形成人类的生存经验,建立社会行为规范。

总地来说,提供信息、沟通情况是新闻传媒业员主要也是最基本的社会功能。新闻传播每日传递着大量的信息,能使个人认知环境变动;能够为组织机构的决策提供参考和依据;能使社会沟通情况,交流意见,实现政治民主化、决策科学化、社会运行良性化。当然,这些功能的实现需要一定的物质和制度环境的保障。

二、监测环境,引导舆论

新闻传播媒介监测环境与引导舆论的功能是密不可分的。新闻传播媒介通过及时、快速地对外界环境的变动情况进行了解,报道自然环境、社会环境、政治环境、经济环境等方面的最新状况,在把握客观事实的基础上,实现舆论监督的功能。

(一)监测环境

自然环境与社会环境是不断变化的,新闻传播及时地把外界的变化告诉人们,给人们提供生存的经验和教训,提供一种行为方式,从而促使人类社会保证本身的生存和发展。

媒介通过源源不断的传递方方面面的信息来反映社会各方面的变动,延伸了人的视觉和听觉。"人们从新闻传媒上了解各种新信息,扩展视野,随时知道周围环境的变动,预防或应对可能遭遇的不幸事件,这就是媒介守望环境的功能。"新闻传播媒介对社会起一种"瞭望哨"的作用，成为人类活动的守望者。新闻报道的内容涉及自然环境、社会环境、政治环境、经济环境和国家环境等各个方面，对这些方面的情况做出及时、全面的反应，对监视人类的生产环境有特殊的警示意义。

19 世纪末，西方建立了发达的机械、化工和石油企业，人类的生存环境受到了严重的影响，环境新闻开始出现在美国的报刊上，提醒人们对这一现象进行关注，同时在报刊的推动下掀起了"自然资源保护运动"。到 20 世纪后半期，多数媒体重视环境报道，环境新闻更是大量涌现。在环境新闻的引导下，人类守卫家园的共同行动孕育出一种"绿色意识形态"，"世界地球日"运动及一系列环境立法，形成了一套有关环境的理论。在这个过程中当代传媒发挥了重要的守望功能。

（二）舆论监督

对于新闻传播来讲，舆论监督就是新闻媒体针对社会上某些组织或个人的违法、违纪、违背民意的不良现象及行为，通过报道进行曝光、揭露、批评、抨击时弊，抑恶扬善。舆论监督具有公开性、传播快速、影响广泛、揭露深刻、导向明显、处置及时等特性和优势，这使得它虽没有强制力，却在一个国家的政治、经济和社会生活中极具影响力。但是，舆论监督的威力并不是来自新闻本身，而是来自新闻背后所代表的民意。新闻传媒是实现舆论监督不可缺少的公共平台。

1. 新闻传播媒介实施舆论监督的条件

"新闻是舆论形成的基础和依据"，新闻传播机构总是以最快的速度将最新发生的事件报道给社会，人们了解到事实的真相后，就会做出评判、发表意见。在民主制度的框架里，新闻传播媒介要进行舆论监督，其首要的条件是信息公开和言论自由。新闻舆论监督依赖于两个基本条件：一是提供足够的舆论信息，即可以形成舆论的事实和情况，使人们对经济生活、政治生活及社会生活有充分的了解；二是在拥有信息的情况下，对各种政治、经济和社会现象及有关人进行理性的、坦率的评论。

公开是民主制度必备的程序，是现代民主的基本前提，也是新闻舆论监督能够发挥作用的前提条件。这一方面要求新闻媒体主动地去满足公众的知情权，推动政治权力运作的公开和透明；另一方面则要求政府权力通过新闻媒体，使公众对与本身利益有关的事物有充分的认知。公众只有充分了解事物的情况，才能够形成对事物的看法，进而交流关于事物的观点，形成舆论，实施舆论监督。

2. 新闻传播媒介的舆论功能

新闻传媒的舆论功能表现为正确反映舆论，让社会公众通过媒介接触舆论信息。就我国新闻传媒业来说，表达社会舆论，就是反映人民的声音，将民众的愿望、意见、建议,甚至批评等通过新闻传播媒介传递给社会、政党和政府。政府在把握社会民情动向的基础上,调整相关政策,改善和加强领导作用。由此可见,新闻传播媒介在发挥舆论监督功能方面,有其独特的地位和作用。

(1)反映社会舆论。首先,舆论是新闻报道的重要内容,新闻媒介对社会热点问题的许多报道,大多是社会上已经形成的舆论,如物价问题、住房问题、精神文明建设问题等。人们对这些问题的态度、看法和评论,往往都是新闻报道的重要内容。其次,"新闻传播活动为舆论提供了存在和发展的空间和舞台,是社会成员之间在最大范围内自由讨论、广泛交换意见、表达民意的最有力工具"。只有新闻传播关注的舆论才能使公众得到舆论的整体形态,舆论只有通过新闻传播媒介的报道,才能获得宣泄和疏导。新闻传播所反映的社会舆论能形成一种无形的精神力量。当新闻传媒业正确地反映舆论,社会舆论就会形成推动社会前进的巨大的精神力量;相反,如果新闻传媒业不能及时反映社会舆论,将会极大地影响本身的公信力,以致受到公众的质疑。

(2)引导舆论。新闻传媒业对舆论的反映并不是消极被动的。一般而言,新闻传媒总是从本身的立场出发,洞察舆情,审时度势,积极引导舆论向有利于国家、社会和本身的方向发展。在反映什么样的舆论这一问题上,新闻传媒业带有本身的倾向性,这是不可避免的。传媒通过新闻报道,扩大其认为是正确的、有利的舆论影响,抑制其认为是错误的或是不利的舆论影响。

(3)实施舆论监督。现代新闻传媒业的形成和发展,一直伴随着民主的建设过程。民主对权力运作的约束,要求公共权力具有公开性和透明度。在民主格局中,人民以其知情权和言论自由权参与国家政治活动,并监督公共权力的运作,而人民行使这种权力依靠的就是现代新闻传媒与舆论监督。西方国家的新闻媒介被称为立法、司法、行政之外的第四种权力,强调的是新闻传媒业作为社会监督机制的特质和功能。我国新闻传媒作为党和人民群众的耳目喉舌、沟通人民群众与党和政府之间的桥梁、连接人民群众与党和政府的纽带,担担着舆论监督的职责,对滥用权力、腐败堕落、违法犯罪、社会危机等一系列有违于正常秩序、有害于人民群众的行为进行披露曝光,以顺应民意、预警社会、维护公正。

三、整合社会、传播形象

借用整合营销传播中的一句话"one face, one sound"(传达同一个声音,树立鲜明的形象),新闻传媒通过信息传播促进社会整合、协调社会,促使社会呈现"和而不同"的面貌,并在对外传播的过程中,传达一个国家和民族的声音。

（一）进行社会整合

大众传播的公开、广泛和迅速，使之可以产生强有力的宣传作用。新闻传播通过宣传，实施联络、沟通和协调社会关系的功能，实现社会各组成部分之间的协调和统一，从而有效地适应环境的变化。

对内而言，通过宣传使国家的方针政策深入人心，影响人们的思想，指导人们的行动。同时还可以通过宣传传布政令、鼓舞信心、凝聚人心、促进稳定、树立国家形象；通过对普及政法、经济等知识的宣传，可以树立民主政治观念和改革开放的思想，提高公民的政治、法律、道德、文化、人格素养。企业和产品也可以通过宣传来树立本身形象、发展品牌。指导消费、帮助流通。

另外，宣传要符合传播规律，讲究艺术，避免因不当传播引起受者的逆反心理，产生相反的作用。历史经验告诉我们，宣传的失误会产生严重的负面作用。

一般而言，新闻传播强大的宣传作用是通过反映、影响、引导社会舆论来实施的。新闻传媒业的宣传通过社会舆论获取力量，又通过宣传来形成新的社会舆论，从而来影响人们的思想和行为，并在这个过程中，实现社会整合的目的。

（二）传播国家形象

各个国家的新闻传媒都具有对外传播、公众外交的功能。对外宣传能够树立国家与民族的形象，影响国际事件与国际合作，争取各国民众对国家形象和外交政策的认同。

在西方国家，特别是美国，把对外宣传叫作公众外交。它指利用媒体面向其他国家的民众传播政府、组织和个人的观点与有利的事实，通过改变他国公众的态度，影响对方政府的外交决策和外交活动。公众外交包括两个渠道：一是各国民众和非政府组织进行的民间友好往来活动；二是由新闻传播媒介面向他国公众进行的宣传活动，政府控制的国际广播始终发挥着公众外交的职能。

四、审美文化功能

新闻传播活动是构成人类文化的重要组成部分。因此，要全面认识新闻的规律及特征，就离不开"文化"的视角。随着现代科学技术的不断提高和物质生活的日益丰富，人们在审美方面的需求也越来越迫切。所以，新闻传播简单地运用新闻的五要素来制作新闻，已很难对新闻事件做出具有强烈吸引力的报道。这就需要新闻传媒尽量以美的形式去表现新闻对象，即追求新闻内容与表现形式的完美统一。

（一）新闻的文化功能

新闻具有文化属性，新闻传媒对文化的传播和发展起着举足轻重的作用，新闻所传播的不仅是信息，更重要的是它所包含的精神和价值。它通过新闻节目，以法律、道德、行为规范等社会文化的不同程度的引导，潜移默化地使人们确立一种健康的、向上的社会精神。新闻传媒业的文化价值，便是新闻工作者以广大受者代言人的身份，通过丰富的表现手段进行的一种文化选择。

文化的核心是价值体系，是在一定价值观念支配下人的行为模式、行为成果以及象征符号。传播学者伊尼斯普说：一种媒介不是某一种文化借以发挥作用的中立机构，由于其特殊方式，它是价值的塑造者，是感官的按摩师，是意识形态的倡导者，是社会格局的严格组织者。一般而言，新闻传播媒介能够用主流价值观影响受者，凝聚民心。可以说，新闻传媒所承担的主要使命是一种文化作用，即培养观众对既成事实接受和确认的态度倾向。

新闻和媒介作为文化的形态，除了具有文化的物质层面、制度层面的特点外，还具有精神层面上的社会价值及文化意义。而且作为新闻的精神内涵，又具有十分重要的文化实践功能。具体来说，新闻传播媒介主要在以下几个方面发挥文化精神作用。

1. 新闻的舆论价值取向

一切文化的核心都在于其价值体系。新闻传播作为人类文化的一种精神产品，主要通过舆论导向和文化引导两个途径，发挥其作为新闻文化的力量，即新闻传播媒介不仅传播国内外各类新闻信息，还具有创造良好的舆论环境、引导受者正确的文化价值取向的作用。因为"文化不仅是人化、社会化，也是人的意识化。而价值取向无疑是人的意识的重要组成部分。但文化的传播不能采取决然的灌输，只能潜移默化地在价值取向上不断引导。也只有确立了正确的价值导向，才能在电视文化传播中体现出极大的主动性和明确的目的性，有意识地按主导价值体系对社会成员的发展方向做出社会性规范"。

2. 新闻塑造健全的人格

所谓健全的人格，是指认知结构（真）、伦理结构（善）、审美结构（美）三位一体的人格结构。新闻报道中的人和事、对与错、是与非、善与恶等，以信息的方式构成对受者层面的影响。"道德的抑制不涉及行动的外在结果，而只涉及它们的内在结果，不涉及动作所附属的偶然的后果，而只涉及动作自然产生的后果。'对于谋杀真正道德上的制止不是体现在作为后果之一的绞刑或者罚入地狱，也不是体现在人们激发起来的嫌恶和憎恨中,而只是体现于这种行动所自然产生的后果——受害者所遭受的极度痛苦,他所有的幸福的完全毁灭,遗留给他亲属的强烈痛苦。"新闻传播在整个国民文化素质和文化品格方面,发挥着不可或缺的健全人格的功效,这甚至直接关系着一个国家的生命力、凝聚力和创造力。

3. 新闻增加媒介的文化含量

关于文化含量,有两重意义:一是指涵盖一切事物的范畴;二是指深层的精神文化内涵。新闻文化作为主要传达新闻信息的媒介,其涉及的领域也是丰富多彩的,不能仅仅界定在新闻的舆论导向上,还必须对其深层文化意义加以考察。

当前的新闻报道存在着诸多问题,如大量的新闻有量无质,缺少深度报道。追踪性的连续报道欠缺,大量的新闻空白点没有进一步挖掘等,都使得某些新闻报道流于表面,其深度和力度都不够,而关键的因素就在于文化含量的缺席。这里所说的文化问题,主要是指精神文化层面的,如价值观念、审美趣味、道德情操、思维方式等,是一种深层次的文化内涵。

(二)新闻审美价值追求

新闻报道应尽量采用审美的思维方式,这已经成为时代发展的一种必然。"新闻主要是靠文字、画面和声音等作用于人的感官的,其传达的形象性、感染性对受者的心理印象激发程度如何,就与新闻表达技巧的艺术性、审美性密切相关。"现代受者也试图在从各种传播媒体获得信息、知识的同时,获得精神上的美感与视觉享受。这就要求新闻制作者在思维方式上采取开放式的态度,即需要视像思维、对立思维、多向思维、情感思维等多种思维方式的综合运用。

1. 新闻报道的审美思维

审美思维是艺术创造和表现过程中的基本思维方式,是审美心理与行为操作的统一。它不仅能够直接满足审美需要引起愉悦,还能提高自由地把握和创造形式的审美能力,进而引向现实人生,淡化或缓解现实功利人生中的困惑、矛盾,有助于社会有序、稳定的发展。

因此,新闻报道也就需要以审美思维的方式去捕捉现实生活中的人物和事件,并以客观的形式加以如实报道。即使是新闻事件的现场报道,也包含着新闻工作者有意无意地对事件内容和表达形式的筛选、加工,这中间包含着记者、编辑对现实生活审美感知、审美思维的过程。具体来讲,新闻主要有以下几种审美思维形式。

(1)视像思维。它是一种形象思维的活动,是运用表象进行智力操作的活动。它以具体可感乃至可视的形象来叙述事件,进而表现整体形象的某些意义。这里所说的视像思维,不同于一般的、普通的形象思维。它是一种艺术活动的思维形式,即审美的视像思维。它不仅以其鲜明、生动的直接可感性与具体性为特征,而且是一种包含着创作者主观感情的意象思维过程。基于这样一种思维,新闻的制作应该具有事件的具象性、现场的真切性和传播的动态性。

(2)情感思维。新闻报道的视像思维并不只是展示客观事实,还在于通过感性形式、情感判断去认识和表现新闻事件的善恶内涵。所谓情感思维,是指储存在记忆中的高级情感反作用于现实客观对象的思维形式或心理过程。当新闻工作者进行情感思维时,就是以记忆中的理性因素、道德因素和审美观念这些高级心理情感为尺度来衡量各种以直观形式感知的现象,进而做出取舍、组合的新闻报道。

(3)创造性思维,是指运用已有的知识经验,凭借人的情感力量,通过创造性的想象,有意识地将记忆表象重新加以提炼、加工的过程。它是从一般思维中升华出一种富有价值性的思维形式。新闻传播的创造性思维突出地表现为对事实信息的感知、捕捉、提炼和制作传播。同一事物的不同报道以及对不同事件的不同发现和报道,都是传播者创造性思维的表现形态。

2. 新闻的形式美

新闻报道运用一定的审美思维,就能使新闻工作者对所报道的事物产生不同一般的感受,将这种独特的感受化为具体的画面形象,则又涉及新闻的表达形式问题。形式和内容从来都是无法割裂的一种对应关系。没有内容,形式无以表现;没有形式,内容无以依托。我们强调"内容为王",但是形式的更新对受者永远都具有难以抵抗的传播力。

所谓新闻的形式美,就是以新颖、吸引人的表现形式来传播真实而又新鲜的新闻事实。它能够"以多种形式、手段、多方面地反映和概括客观现实的美,使新闻的美表现为新闻报道的内容无所不包而又真实、形象、深刻,具有感染力、冲击力和征服力。这就是新闻的表现形式美"。形式美可以通过新闻的画面美和声音美来具体体现。

3. 新闻的内容美

所谓新闻的内容美,是指反映在任何新闻作品中的一切社会生活现象所具有的审美价值。一般来说,新闻的内容美,一方面表现为真实美和意境美,而真实又是其中的统率和灵魂;另一个方面是新闻的哲理美。所谓哲理,是指包含在新闻作品中深沉、含蓄而不外露的哲学理念。新闻报道渗透了这种哲理性,其思想深度就能在无形之中得以加强,受者也会在接收过程中不知不觉地受到潜移默化的影响,由此激发受者对时代、社会和人生的追索与探求。提供娱乐、陶冶性情传媒的娱乐功能,是指引起受者兴趣并使之产生快感。软新闻大多具有娱乐的特性,新闻传媒传播奇闻逸事、风土人情、文娱节目等趣味性内容,给受者以高尚情趣的享受,从而培养、提高受者的欣赏兴趣和水平,满足受者正当的好奇心。新闻传媒对受者生活态度生活信念的疏导引领,必然对社会稳定产生良性作用。

娱乐是人类生活的重要组成部分。我国新闻传播媒介对媒介娱乐功能的认知经历了由淡漠到重视的变化过程。互联网出现以后,通俗文化如潮水般涌向世界各个角落,传播通俗文化的新闻传媒变多,富有娱乐性的软消息得到受者的关注。媒体娱乐性内容的传播,激起受者的质朴兴趣,使人获得精神和情感上的满足。积极健康的娱乐信息传播,也是引导受者品德修养与道德追求的大平台,媒体提供的戏剧性典型,让受者在娱乐中认识了人性的美德。在传播过程中,传媒的"社会责任感",是通过与社会道德建设相一致的正向道德观价值观的彰显与渗透而实现的。娱乐报道以其特有的公共属性承载着社会责任和意识导向,传播高尚、幽默、智慧、知识和体力的健美,给受者提供欢娱,引导人们建设一个互尊互爱的社会。

第二节　新闻传播的深度功能

新闻传播的深度功能,主要包括培育人的社会化、推动社会经济形态的发展、推进社会的政治变革等。这些功能对人类社会各方面的发展产生了深刻的影响,构成了社会发展的意识动力。本节将从三个方面对新闻传播的深度功能进行探讨。

一、培育人的社会化

在对新闻传媒的相关研究中发现,当下人的社会知觉大部分来自传媒,大众传播的影响加速了人类的早熟。由于人的社会化在媒体的影响下加速,人的智力迅捷地累积起来,每隔几年就把人类意识推向一个新阶段。传媒和人的互动加速了人的社会化,直接影响到社会主体的活力,成为社会演变源源不断的动力。"所谓社会化就是指作为个体的生物人,通过社会交互作用,学习社会文化,参与适应社会生活,成长为社会人的过程。具体来讲,社会化包括两个方面的含义:一是个人在社会中通过学习活动,掌握社会知识、技能和规范,取得社会成员的资格。二是个人积极参与社会生活,适应社会环境,再现社会经验。因此,人的社会化是个人学习社会与参与社会的统一。"人们无论是学习或是参与社会生活,都无法避开大众传媒对人的意识和行为的作用、影响。

（一）媒介为人的社会化提供支撑

人类从蒙昧无知走向文明，其间依靠不断地从外界汲取信息、交流信息，最终过上了有意识的群居生活，形成社会。传媒在其中最大的推动作用是让人了解世界，也更深刻地了解自己。也就是说，传媒指引人们如何做人、做一个什么样的人。

1．媒介促使人们明确生活目标与手段

人的社会化从幼年开始。在大众传媒发达的社会，社会化的进程不仅大大提前，而且加快了速度。新闻传媒给人类提供了包括谋取物质生活资料的劳动方式乃至整个生活方式，比如婚姻家庭形式、人们之间相互关系的形式、社会的管理方式、社会的统治方式等。各类新闻报道告诉人们，这一切都是在人们的相互作用下、在社会互动中逐渐产生的。传媒把个人的生存目标和手段传授给别人，是个人的社会化；其结果是使许多人掌握社会生活的规则和技能，形成整个社会生活的社会化。个人受到社会影响的过程，就是其社会属性形成的过程。

在传媒的影响下，人们懂得主动进行本身社会化的尝试，从而逐渐认识个人如何与社会建立紧密的联系，取得被社会认可的地位。同时传媒不断向人们传递某种理念，使人们认识到必须遵守一致的规则，才能共同生活，这是群居生活的必要。更为重要的一点是，新闻传媒及其传播内容对世界具有反映能力，以抽象思维、逻辑思维、形象思维指导受者的行为，从而使受者采取有理性的行动。传媒促使公众产生情感反应、辨别是非善恶、形成态度和价值观，为人们认识生存目标和生活提供了可能，也为人类认识本身提供了可能。总之，传媒促进人的社会化的同时，也培养了人自立于社会的能力。

2．培养人的个性化和价值观

社会化的过程是使人们形成一些进行社会交往的共性的过程，但其中也有个性的获得。人们在社会化的本质相同的过程中，所获得的结果是不同的，表现为个人兴趣、性格、气质等的差别，以及个人的思想、意识、觉悟、品德的差别。处于共同生活环境的个人不但有类似的生活手段及共同的行为方式，也有其个性、个人的特殊素质。

新闻传媒培养人的社会化，更多地表现为培养人的个性，以鲜明生动的各类人物命运感化、塑造受者。个人的特殊素质，在本身生理基础上通过社会实践形成和发展，也是个人社会化的产物。人们对具体生活环境的判断很大程度上依赖于大众传媒构建的拟态环境。

人的活动实现了自然界的价值,也形成了社会价值,但这类价值在每个人那里是不一样的。正因为价值不一样,每个人的价值观也是大不相同的。人类共同创造的所必需的知识、技能和行为规范如果是传媒中获得,从某种意义上说,个人的社会价值观也是在传媒中获得的。传媒提供了种种社会价值的范例,让人们逐渐认识到自己的价值观将有可能成就哪种类型的人生。

3. 提供人的发展方向

大众传媒可以指出人类的发展方向,描述人的本身的发展。例如,那些人物新闻、犯罪新闻、社会挫折类新闻展示了人的复杂经历和应有的生存方式。典型人物报道是我国一个独特的新闻类别,它在不同的历史阶段也经历着一定的变迁。大众传媒通过对"雷锋""铁人王进喜""焦裕禄"和"任长霞"等各行各业优秀人物的报道,为受者提供了学习的典范,对个人的发展起到了一定的积极作用。新闻传媒一般是从人的社会关系的角度来展现人的发展。社会关系实际上决定着一个人能够发展到什么程度。就人本身而言,他同自然、社会和人自己本身的关系也存在一个由"狭窄"、"片面"到比较"全面"的过程,并在这个过程中,不断完善本身,促进本身的发展。

（二）媒介文化的中介作用

社会从本质上讲是文化的,离开了物质和社会意识层次的文化,社会就不存在,剩下的只有一个动物群。由此可以说,人的社会化是指人借助文化构成社会主体,传媒文化是人实现社会化的中介。个人与社会的关系既涉及个人如何组成社会,又涉及个人如何在社会中获得承认,人类由于有了文化,再经过传媒的沟通,个人、文化、社会之间保持着永久的相互作用。

1. 媒介文化对个人的哺育

在现代,个人从孩提开始借助媒介文化接触社会。媒介文化是指媒介的传播内容及运作方式所构成的特殊意识形态及其载体活动。人与人之间发生的经济关系、政治关系、意识关系都属于文化,通过这些文化使人与人组合成拥有特定经济制度、政治制度的社会。媒介文化可以解释为文化的"媒介化"和媒介化的"文化"。媒体传播内容可视为由不同文化构成的拟态环境,对人的社会化发挥作用。媒介文化具有开放性、多元性、包容性和多样性,新闻报道通过大量介绍人的社会角色和文化交往,使人们较为全面地接触和认识社会。

个人所处的环境狭小,对整个文化动态不可能直接观察,因而对社会也就说不上了解。通过媒介文化中介的作用,实现个人对于社会的全面接触,人才能认识社会的现实面貌。社会首先通过文化造就了人,并通过媒介文化使人选择优秀的生活方式,保证人类文明得以延续和发展。另外，个人和社会通过媒介作用于文化。在这个过程中，文化成了个人和社会共同作用的对象，文化本身成为人活动的目的。但这必须由媒介反映人的创造力和社会活动，使文化发生变化，在这个变化中人也被改造。

2. 媒介文化对个人观念的改造

媒介文化作用于人，归根结底是对人的理念的改造。个人从家庭、学校到社会，在文化的影响下主观世界不断丰富和发展。人的观念演变是个人成长的灵魂，贯穿着外部文化的不断渗入，其中大众传媒是主要的信息来源渠道。意识文化在媒介传播中依赖于语言，或者依赖于图像和音符而存在。个人借助媒介获得历史和现存文化的熏陶，通过个人的体验，转变为自己头脑中的意识，进而转化为自己的行为。

媒介文化对人的观念的作用有两种不同方式。第一种方式是文化事象的作用，即通过文化事实引起人的自觉活动而被人所掌握。新闻中的事象是一种显示性文化，如要被人所掌握，需要通过模仿来完成。这也就是说，媒介所传递的文化行为被人所模仿，由此掌握了各种活动的本领，即接受了其中所蕴含的文化范式。人类的生存方式作为行为文化，多半通过事象文化的作用传授给他人。媒介披露的鲜明事像给人印象清晰，随之使人产生某种观念。第二种形式是媒介文化的显意识作用。媒介以明确的思想观点表明文化模式，最为突出的是政治文化和科学文化。人在社会中生活，各种文化观念无不作用于人的意识，唤起人的清醒认识，转换为鲜明的观点，形成人的思想倾向、方法和思维习惯。媒介文化作用于人，最终是要形成观念，包括知识观念、意向观念和决策观念。个人心理对媒介文化也具有导向作用，使文化在公众意识中转换形态，产生崭新的文化成果，再通过媒介语言传播于社会中。

3. 媒介的文化的建设与发展导向

媒介组织作为社会舆论的掌控者，理应大力宣传社会规范，用文化理念引导社会行为的方向和规则，发挥强化社会凝聚力的功能。许多社会行为仅仅靠本能去自发调节，不能形成社会成员的一致行动。新闻传媒不断进行文化引导，就能形成大众的共同认可和行动。比如清明节祭扫烈士墓、瞻仰历史圣地、参加国家性庆典活动等。

媒介文化影响许多人的活动，改变一个民族、一个团体或有某种一致信仰的群体的行为。"民族身份是长期认同建构过程所产生的结果。"无论在个人，还是在族群层面，这种认同从来都不是一劳永逸的，需要在不断的再生产过程中，在与外部社会因素的协调和冲撞中，予以确认和加强，如在云南少数民族地区，通过互联网的传播，将社会场景因素纳入族群认同建构，改变了传统的线性的、强调文化同化和适应的个人族群认同建构模式，为多维文化认同的建构提供了实现的可能。"互联网，以其游走于'整合'和'断裂'之间的巨大张力,对包括族群认同、地域认同和国家认同在内的多维文化认同体系的整合可以产生更广泛的推动作用。"互联网的传播,打破了民族社区的封闭性,自然的社会化链条被击断。因此,民族身份的建立更多地需要建立在对于他者与本身的关照之上。同时,吸收更多的外来优秀文化成果,构建多样化的价值观体系,这也就促成了民族地区多维认同体系的形成,这就是媒介的文化导向与建设作用在发挥力量。

二、推动经济形态的发展

"经济形态是指一国的经济是自然经济还是计划经济或商品经济、市场经济。"经济新闻报道可以从狭义和广义两方面理解。"从狭义角度来说,经济报道是指对财税、金融、市场贸易、政权、行情等各方面经济生活的报道;从广义的角度来说,包括人们经济生活的方方面面,还应包括工业、农业、交通、基建、消费等更广泛领域的内容。"经济报道和经济评论,揭示了社会的经济运动,让人观察到经济的发展方向。媒体可以告诉受者经济发展的状况、存在的问题和如何克服这些问题。媒体的经济报道加强了人类的经济联系,这种直接功能的日积月累,使媒体能够揭示经济形态有规则的变化,从而表现传媒影响经济制度变革的深度功能。

（一）展示经济的发展动力

18世纪初的欧美报刊,关于珍妮纺纱机、风力动力机、蒸汽机及各类手工工厂的报道比比皆是,走出手工磨坊的工业繁荣成为报刊上的壮丽景观。这些新闻表明,自从装上"科学技术"这个强大的发动机,人类历史的车轮开始加速,新兴生产力对社会制度和意识形态产生了不可估量的影响。其中,新闻传播媒介的经济报道指引人类深刻认识社会结构,对提高生产力、改造社会发挥了巨大的功能。

1. 揭示需求与经济的关系

大众传媒的经济新闻报道,实际上就是社会需求与经济增长关系的一种表述方式。经济新闻或通过单一的生产行为和产品市场化,透视需求与生产的关系和现状;或通过宏观经济政策与经济结构,反映社会与经济关系的变动及其构建。英国经济学家克洛克在1819年10月《爱丁堡评论》上发表的一篇论文,批评了日内瓦的经济学家西斯蒙第。他说,任何时候所创造的不同产品在不断地进行交换,从而形成一个彼此之间相互的需求。在任何一个时刻,某种产品可能过多或过少,在一种或几种工业中造成严重的危机,但所有的产品在同一时间内绝不会太多,也就是说产品生产过剩或者不足,只会同时在个别产业中发生,而不会同时发生在很多产业中,它割断了需求和生产之间的联系。西斯蒙第的回答是："如果经济学家不用这种抽象方式进行推理而详细考察事实，如果不注意产品而稍稍关心人类，他们就不会这样轻易地支持生产者的错误。如果供应不足以满足增长中的需求，增加供应就不会损害任何人，而只会对大家有利。但当需要的增长较慢的时候，限制过多的供应就不是那么容易做到了。"这个例子说明，大众传媒的经济报道和评论解释了人类社会发展的实质，即人类历史就是从物质生产和物质需求不平衡到不断平衡的历史，揭开了人类的需要、经济的满足、生产力和经济关系互动的发展过程。

2. 反映经济形态的构成

从新闻报道的事实中我们可以发现，生产力从来不是单独起作用的动力，它始终是在一定经济形态下发展的。经济形态对社会发展的作用，最明显地表现在对生产力的反作用和对上层建筑的作用力上。许多政治经济报道都揭示了上述经济规律，引导人们正确认识和把握经济形态的变化规则。

生产力在其本身发展中并非一路顺利，有时突飞猛进，有时缓慢迟滞。造成这种现象的原因，主要和经济形态对生产力的加速或阻碍作用有关。生产力和生产关系构成一定的经济形态，二者可能形成统一、和谐的经济制度，也可能是分裂、冲突的经济制度，关键在于分配制度是否合理。

如果说经济形态在与生产力的作用与反作用的因果链中处于第二性的地位，那么在与政治体制的作用与反作用的因果中，则处于决定性的、第一性的地位。经济形态直接决定着政治上层建筑的产生、性质及其发展，是政治和思想的上层建筑的基础。经济报道所反映的经济形态的运动规律，能使人们把握整个社会的健康发展，这样经济活动就减少了盲目性。政府在管理经济中，可以更多地从研究媒体的经济报道入手，把握复杂多变的经济现象，找准政府的位置。

（二）预测经济形态的发展

大众媒体通过掌握一定的资料，可以预测经济的发展。事实表明，许多经济报道都揭示出未来的经济走势。一般来说，每篇经济报道都是对单一经济现象的披露和说明；在一定时期内，各种媒体的无数篇经济报道能够显示社会经济形态的发展前景，从而揭示经济发展的方向。

从 20 世纪 60 年代至 21 世纪初的 40 多年，西方报刊与电子媒体报道了大量资本主义企业发展的新资讯，这在一定程度上预测了西方社会经济形态的走向。这种经济预测功能，在我国 20 世纪 90 年代的报刊上也开始出现。

1. 报道新的经济形态

最近 20 年，美、英、法、德等国报刊上的经济报道不断证明经济学界的一种新发现，即新的资本主义经济形态的出现。研究大量西方媒体上的经济报道可以发现，当代资本主义的经济特征发生了重大变化，出现了多元资本占有的现象。这些经济报道表明，媒体不仅是重要的经济成分，而且是经济形态发展的预言家。它所描绘的当代经济形态的主要轮廓是：

（1）生产力水平的提高通过大量经济报道来展示，许多国家的物质技术基础达到了空前的雄厚。

（2）报道显示，西方国家政权经济化的趋势，都在不同程度上遭遇挫折。

（3）媒体推崇社会公共福利事业的发展，不断彰显"高福利"在国家发展中的地位。

（4）媒体报道跨国企业和全球市场，描述经济贸易全球化的发展前景。

2．阐释社会经济变革

经济新闻在报道中可以揭露经济形态的内部矛盾，显示改革束缚生产力发展的政治形态的必要性，从而为经济变革指出正确的方向。经济发展的动态性，决定了媒介报道经济变革也处于永不完结的过程中。在经济转型时期，新闻报道尤其担负着探索政治和经济变革的重大任务。

媒体经济报道的内容是双向的，它既要否定陈旧的、过时的、带有权力经济色彩的旧体制，又要迎接世界性市场经济一体化浪潮的挑战，在企业和消费者、权力层和人民大众之间发现新的经济思想。经济报道可以从以下几个方面以最新的视野诠释经济现象。

第一，科学地报道经济体制改革的目标。

第二，经济报道引导经济发展战略的调整。

第三，通过报道政治领域的变革对经济变革发生作用。

3．后工业社会的经济报道

在工业社会里，机器占主导地位。进入 21 世纪，人类陆续进入后工业社会，即进入以智能化产品为主导的社会。在这个时期，新闻传媒本身就是新型经济的重要部分，是社会经济结构中的重要组成部分。经济新闻通过大量事实说明后工业社会是一个"公共社会"，社会的单位是社区而不是个人或某个阶级主宰的，人们相互之间的联系更加密切。由于网络和运输技术的发展，许多国家变成"全国性社会"，大量社会问题具有全国性规模，必须由全国性社会来解决。此时，媒体就充当了公共社会的纽带，能够扩充和保护公共领域。

在后工业社会，经济报道的主要内容是从传统产品经济变为服务性经济；专业技术人员成为社会的主导阶层；经济、社会发展依赖于科学理论，理论知识处于中心地位；对技术的评价由单纯肯定变成伴有怀疑、否定的态度，批评唯技术论带来的副作用；决策过程科学化，决策的基础转向"智能技术"。

三、推动社会政治变革

近代以来，新闻传媒成为强有力的政治报道和政治宣传工具，不断地推动着政治制度的变革。当代传媒的政治功能，更多地表现为推进政治民主化的作用。报刊抨击集权现象，使现代政治观念深入人心，不断为实现民主政治开路。

在社会主义初级阶段的历史背景下，党和政府通过政治新闻传达党或国家的大政方针，告诉人们政治动向，激发人民的政治觉悟，促使民众踊跃参与政治生活，从而发挥改变不合理的政治现状、建立优良政治制度的深度功能。

（一）政治宣传促进政治变革

政治变革，首先要做好舆论宣传的准备。主要是运用新闻传播媒介宣传先进的政治思想，让广大民众知晓和辨别某种政治主张的优劣，鼓舞人们积极参政议政。

最早提出"党报""机关报"观念的是梁启超。他在《本馆第一百册祝辞并论报馆之责任及本馆之经历》中指出："有一人之报，有一党之报，有一国之报，有世界之报。以一人或一公司之利为目的者，一人之报也；以一党之利益为目的者，一党之报也；以国家之利益为目的者，一国之报也；以全世界人类之利益为目的者，世界之报也。"正是基于不同的观念，报刊作为政治变革的思想先导所发挥的作用也有所不同。

20世纪初，孙中山等人领导民主革命，各地革命团体纷纷创办报刊，报道反清革命的发展。同时这些报刊系统地发表了。三民主义"的政治纲领，极大地鼓舞了人民群众，最终推翻了清朝的专制统治，建立了共和制的新型国家。在军阀割据时期，陈独秀、李大钊在报刊上提出在中国建立劳工阶级的国家，呐喊革除专制与思想独裁，使人民大众彻底获得民主自由。

新闻传播媒介宣传先进的政治思想，把人民的普遍要求系统化、理性化，引导人民正确认识自己的权利。人民群众的政见通过新闻传播媒介达到集中、升华，可以在更大范围、更大程度上推进民主建设。媒介宣传政治思想，是一个和公众思想互动的过程，人民群众根据自己的体验和判断，利用新闻传播媒介对社会问题发表意见，对现行的政治制度构成舆论反馈。管理者根据广大群众的要求调整根本政策，最终实现国家管理的民主化和科学化。

（二）引导民众改革弊政

新闻媒体发表报道或评论，引导人们讨论面临的弊政，从而促进制度创新和政治实验，不断完善现有的政治制度或措施。

社会的弊政极大地影响着社会的正常运行，新闻媒介的一个重要使命就是揭露它，并号召人们起来推动相关举措的实施。发现社会中的弊端，需要媒体和记者有高度的政治责任感和政治敏感。新闻媒体获取信息方面的优势，使其可以更快、更全面地获取信息。媒体在发现社会的弊端方面同样有巨大的优势。

通过揭露弊政的新闻报道及其评论，受者可以了解不良的政治现状，激发出正义感和责任意识。这类新闻通过介绍令人震撼的大量事实，反映广大人民群众的意见，表达人民的意志；同时批判错误的主张，以扭转人们麻木与错误的观点，鼓励公众投身革除弊政的行动。

社会发展的现实表明，几乎所有的制度都有弊端。在清除弊端的过程中，大众传媒报道民众的呼声，表达民众的心声，对清除弊端施加了一定的社会压力。值得注意的是，新闻传媒在发挥这一作用时，应当传播合理的政见，构筑社会舆论的健康平台。

（三）新闻时政功能的作用力

新闻媒体是提供大众信息和反映社会舆论的工具，在重大的报道上带有媒体机构的倾向性，具有反映舆论、引导舆论和制造舆论的功能，这种议程设置的功能就是新闻政治功能的作用力。大量新闻信息的发布给人们建构了一个拟态环境，形成了社会态度和思潮，产生了团体意识和普遍一致的意见。

新闻传媒通过传递大量的信息，把舆论清晰地传递给公众。它能够迅速地把一种观点变成许多人的观点。公众的意见由潜在转向显露、由零散转向系统，只有新闻传播媒介的连续整合才能实现，这就是新闻传播媒介组织舆论的过程。新闻传媒的魅力在于能在大范围内统一人的意向，使公众从报道中看到相同的舆论目标，形成稳固的统一的追求。

大众媒体代表舆论和引导舆论是紧密相连的，引导舆论是把所代表的意见引向更深刻、更正确的方向，从而使讨论更具有社会意义。西方传播学界把引导舆论称作议程设置，突出了媒介的引导作用。

第九章 新时代背景下新技术的新闻传播应用

第一节 大数据与新闻传播

大数据又名"巨量资料",指的是需要新处理模式才能具有更强的决策力、洞察力和流程优化能力的海量、高增长率和多样化的信息资产。本节将从新闻的发现、生产、传播、传播效果评估以及大数据存在的误区,讨论大数据条件下的新闻传播创新。

一、大数据下的新闻业

(一)新闻发现

互联网上产出的数据大多都简明扼要,因为细节内容过少的原因,新闻从业者很难发现其潜在的新闻价值。所以,能读懂数据语言同时发现其背后的新闻信息,并利用这些条件使新闻更为丰富可靠,成为新闻从业者不可或缺的职业素养。

比如在节假日,有经验的媒体记者能从交通信息网络平台上公开的数据中发现人们在不同节假日出行游玩的偏好,以之编写预测性的假日旅游新闻,这就是实时的新闻发现。而大数据的主场还是长期性事件,如前不久的美国大选,尽管是媒体对候选人的挖苦,但不可否认,大数据技术使记者前瞻性地发现了新闻点,并在大选时结合候选人的历史背景进行解读和报道。

(二)新闻生产

所谓的新闻生产,就是将新闻的专业术语翻译成大众能听懂的白话。在这方面,大数据有两个作用:一是通过群众关注点的发现,将其关联的新闻信息提取出来作为新闻内容的素材;二是运用大数据独有的处理和显示技术,提升新闻的视觉冲击力与活力。

就第一个作用而言,事件发生的前期,新闻从业者即可通过舆论和大数据技术,发现群众对于同一件事的不同角度的信息需求。比如浙江永康门博会上，一女子用"小黑盒"隔空刷开 8 家品牌智能锁，最快只用 3 秒，智能锁安全性问题迅速成为社会关注的焦点，不少智能锁厂家纷纷拍摄用小黑盒监测自家产品的视频以证"清白"。尽管这个问题只出现在部分质量低劣的智能锁中，不过还是给智能锁行业乱象敲响了警钟。对一些专业人士来说，万千家庭的安全、相关部门的职责划分、相关法律制度的执行等都是他们的关注点。新闻从业者可以以此来对新闻进行深加工。

第二个作用，即将量化的数据与定性的判断、生动的细节相结合，可以让新闻生产的效率与价值得到可观的提升。如今，新闻行业有个常见的现象就是，大量的历史新闻素材和相关数据"石沉大海"，这些采访资料很大一部分作为边角余料被搁置，然后被永远忘却。

值得一提的是，新闻内容生产时，数据的可视化技术与新闻从业者对数据相关联信息的深度解读能力相结合，可以产生出人意料的效果。2015 年央视播报的"数说春运"可谓让人耳目一新，央视利用百度搜集到的人口移动数据，一方面生动形象地展示了春运不同线路人们的移动特点，吸引了人们的关注；另一方面，通过可视化数据发现了新特点。

（三）新闻传播

传媒在新媒体的驱动下发生了翻天覆地的变化，渠道霸权已然成为过去式。唯有精确、快速、有效的信息传递才能获得理想的传播效果，才不至于被巨大的信息海洋淹没。在新媒体时代，大众传媒完全可以借助大数据技术实现对新闻传播的精细划分。如此一来，既可以依据对群众需求的准确了解来生产新闻，又能使新闻实现效果最大化的传播。

例如，中国女排在 2016 年里约奥运会获得冠军，每个人都有不一样的关注点，有人关注总教练郎平，也有人关注排球运动员；有人关注中国体育事业的发展，也有人关注女排能走多远。这样的内容完全可以放在女排夺冠报道主体内容之后的相关推送上。

二、大数据带来的新闻传播研究范式革命

新的时代背景对整个新闻传播行业提出了挑战，传播学者李彬在《重思中国传播学》一文中认为，中国的传播学研究一直都是亦步亦趋地追随国外的传播学理论研究，如何解决中国传播学本身的创新问题，确定我们自己的传播学地位将是"大势所趋，人心所向"。而在业界，新闻传播业的从业人员的危机意识也在逐渐显现，业界和

学界都注意到了新闻传播学和新闻传播业存在的危机。

大数据时代带来了信息风暴及思维革命,新闻传播学者需要改变"地盘保护"的思维模式,重新审视当下的新闻传播研究,需要深入反思和重新定义新闻传播研究的行业属性与学科方法,探讨新闻传播的实践和理论问题,在跨学科的合作和交流中拓展新闻传播学研究的可能空间。大数据的挖掘潜力巨大,新闻传播研究应做出积极的改变,解放思想,拓宽新闻传播研究视域。随着大数据在全世界范围内的普及和应用,我们无法摆脱数据对新闻传播的影响,大数据改变了传统观念的新闻生产方式和呈现模式,新闻传播形态和格局正在经历大数据的颠覆,新闻传播的研究内容和风格也都发生了变化。这是新闻传播寻求新发展的机遇,利用大数据开拓新闻传播领域进一步的理论创新。

三、大数据带来的新闻传播思维方式的改变

大数据给新闻传播学带来的一大红利便是将其推到了社会科学研究的舞台聚光灯下。喻国明教授认为,大数据时代的所有社会资源配置已经不能离开大数据了,那么与之相对应的媒体在展开新闻传播实践时就需要思维创新,也就是说必须改变传统的新闻传播思维方式,而代之以一种全新的、"与大数据相匹配的思维方式来理解这个世界"。

（1）大数据的思维方式是更多地关注"相关性",而对传统知识观中的"因果"关系并不过多关注。大数据思维的"相关性"能给人提供无数种可能,这种改变带来的是一场风暴式的思维革命,"相关性"让我们既能对过去进行历史的理解,同时也能够对未来做出合理的预测。大数据时代,在新闻传播中掌握这种大数据思维方式,我们并不一定要透过现象看本质,只要剖析正在进行或将要进行的事情,就能挖掘出重大的新闻线索,呈现出新闻的价值。

（2）进入大数据时代,全数据分析模式替代了简单的"样本分析方式",大数据不再局限于微观层面的细枝末节,而把关注视野放到了更大的宏观和中观层面的趋势分析和预测。

（3）大数据时代,"算法统治一切","理论"的重要性可能会让位于更好的数据算法和有效的数据处理法则。纯理论价值的弱化,将大数据进行有效的优化组合的数据算法和处理法则变得越来越重要。

四、大数据视野下的新闻传播创新

大数据视野下的新闻传播创新包含这样两个层次的内涵:首先,它是在传统新

闻形态基础上的再创新，包括信息的可视化和人性化。通过可视化的多媒体影像信息传播新闻，动态影像和静态影像相交织，形成传播形态的多层联动，极大地丰富了新闻表现形态，数据挖掘多种形式呈现扩充了新闻信息传播手段。其次，它也是一种内容创新，通过挖掘碎片化的数据和文本，实现了信息形态上的减少，并在一定程度上消除了新闻内容的不确定性。大数据与新闻传播的结合，使新闻传播拥有了巨大的技术竞争力，给新闻传播安上了一双腾飞的翅膀，大数据新闻传播利用本身特有的优越性，把对社会整体结构的把握提高到了更广阔的空间和层面。

五、大数据在新闻传播创新方面的症结

（一）表现为大数据的机器服务与新闻传播的人脑创新服务的背离

首先，大数据强调的相关性与新闻传播实践中强调的因果性之间的相互违背。大数据更加重视关联性而对因果性的解读退居后位，甚至公开拒绝传统知识结构中的因果关系。维克托·迈尔·舍恩伯格在《大数据时代》中指出，人们看待数据的方式已经发生巨大变化，更加重视数据的全面性，而非原来观察数据的"只见树木不见森林"，更重视较为凌乱的、无序的、碎片化的数据，而非更多利用较纯净的数据。同时，舍恩伯格还认为，人们的思维方式也应该相应从因果关系发生转型，即转向相关性。或者说，只要知道"是什么"，而不需要知道"为什么"。但新闻的传统解读方式却是具有强烈的因果逻辑的，需要解决"为什么"的问题。记者或编辑在呈现新闻报道时重视因果关系，是因为这与人们的传统认识逻辑是相符的，而如果不重视因果关系将容易造成对新闻信息解读的任意性和偶然性，因为不解决"为什么"的问题就无法消除信息的不确定性，也就无法对信息进行下一步预测并随时采取行动，数据对于新闻报道来说，也就失去了其具有的核心意义。

其次，大数据的信息的结构化与新闻表达故事化的内在逻辑在某种程度上存在相互背离。去故事中心化而使数据呈现为结构化的信息表达，这是大数据的内在逻辑，而传统新闻报道中强调的是内容的故事化，这两者的矛盾可以说是几乎不可调和的。新闻传播学者普遍认为，如何让结构化的数据呈现出人类特有的温情和叙事肌理，将是大数据在未来的新闻传播应用过程中要披荆斩棘、重点攻克的一道难题。

另外，传统新闻传播讲究精确性的呈现和解读，这就与大数据方法的模糊呈现之间出现了矛盾，两者之间的矛盾也是亟待通过有效的方式解决的。大数据分析强调数据和信息的相关性，关注数据的商业应用价值，大数据利用本身对数据的强大综合运算能力，能够发现那些仅靠个人的直觉发现不了的信息和知识，而这些出乎意

料的信息却可能挖掘出巨大的商业价值。

（二）表现为数据源的开放问题

数据开放强调的是掌握着数据话语权的政府或企业主动向公众提供无须特别授权、可被机器读取、能够再次开发利用的原始数据。数据开放是一种数据的流动，更是知识和权力的流动，其核心是发现更多有价值的信息。

在人人都在说大数据的时代，权威的数据来源及共享却是目前为止无法逾越的一个鸿沟，不解决这个问题大数据就是一个空谈，因此，数据源的开放就显得尤为重要。如果掌握着"生杀大权"的数据公司或政府无法将封闭在"黑箱子"里的数据共享，数据就无法释放出最大的竞争优势，也就无法提升数据的商业变现能力，更何谈数据的巨大社会价值？互联网本身是由开放精神组成的，大数据时代，政府或企业必须有开放的心态，开放的数据必须要有更高的质量，只有开放和实现彼此链接的优质数据，才是真正具有交流价值的平台。得益于大数据技术的普遍应用，公众与政府或企业之间不对称的数据处理能力大大缩减，这就要求政府或企业必须以开放的心态适时公开原始数据，让公众自己分析、挖掘、利用这些数据资源，更好地开展应用服务，让政府或企业的数据资源更好地为社会经济发展服务。实践证明，对掌握着数据源的大公司和政府而言，数据开放往往能够得到更多的增殖效益。

六、新闻传播研究应加强方法训练

对新闻传播研究来说，大数据时代的机遇与挑战同时并存。一方面，大数据给在计算机和人工智能等领域拥有专长的社会学科的研究者提供了参与社会转型服务的机会；另一方面，大数据也向所有从事新闻传播领域研究的实践者提出了新的要求。对新闻传播领域的学者来说，这些挑战更多地表现在研究方法上的欠缺和"短腿"。我国的新闻传播学的大多数学者接受的基本都是人文学科的学术训练，只有少数学者接触过计算机和人工智能等方面的知识培训。而随着新闻传播研究向更广、更深的领域延伸，应加强与社会的各个领域的融合，新闻传播学科的社会学转向和"社会化"的倾向越发明显。

因此，现实研究殷切期待规范的质化和量化研究方法，与之作参照，新闻传播研究者社会科学研究方法准备不足，其社会科学研究方法薄弱的短板也显得尤为扎眼。这一对矛盾随着新闻传播学研究的社会学科属性加剧、加深而越发凸显。新闻传播研究的成果，在相当长的一段时间里，被社会学科的主流评价体系所否定，很难得到社会学、经济学、管理学等学科的认同。

大数据时代,新闻传播学要真正在社会科学学科中占有一席之地,新闻传播研究者要想在未来的研究中有所创新,拥有自己的话语权和学术地位,就必须重视社会科学研究方法,传统单一的人文方法的研究只会让路越走越窄。目前,国内一批正在成长起来的中青年学者越来越重视和强调社会科学研究方法的训练。我们期待,新闻传播研究者在基于本学科的研究的基础上,能够结合其他社会科学的研究方法,探索出独有的新闻传播研究方法。

七、新闻传播研究要重视应用VR等虚拟现实技术

未来,以无人机、人工智能和 AR、VR 等虚拟现实为代表的新技术催生的变化有目共睹,它将进一步改变人类的现实生活,新闻传播更不能幸免。既然无法拒绝,就要学会为我所用。

无人机几乎已经成为新闻传播业的"标配"。随着消费级无人机航拍门槛的降低,越来越多的新媒体人开始利用这一新闻报道利器。无人机有别于传统摄影机的拍摄视野,它提供给公众耳目一新的、更广阔的视角,尤其是在 2015 年以后,在突发事件和重大活动的新闻报道中已经不能缺少它的身影。

人工智能有可能在内容生产领域催生根本性的变革。有媒体已经利用人工智能技术使用了机器人编辑的新闻,以机器人新闻为代表的"智能编辑部"理念未来可能将全面扩散。

AR、VR 等虚拟现实技术将迎来飞速发展,虚拟技术以全景式、交互式的报道让观众沉浸其中,增强受者真实的体验和参与感。但就整体而言,仍处于起步阶段,在很大程度上,还存在技术不成熟、成本高昂、设备普及程度低等问题。因此,对于新闻传播研究而言,一方面,媒体机构无法深入介入虚拟现实技术整体产业链的每个环节,只是处于技术应用的最末端;另一方面,从现阶段来看,人工智能和虚拟现实技术还无法真正解决新闻传播业面临的众多关键问题。所以,虚拟技术在新闻传播业很难出现颠覆性的变化。

但可以预见的是,新技术会给未来的新闻传播带来新的传播形态、叙事手法、生产方式、接受方式、接受效果等,也会在伦理规范等方面提出新的问题。虚拟现实技术将会对新闻传播产生何种显性或隐性的影响,有待新闻传播研究者深入的观察与积极思考,这决定了未来以虚拟现实等为代表的应用将成为重要的研究课题。

八、大数据与新闻传播创新的可能空间

当大数据作为一个时代特征越来越显著地呈现在人们面前的时候,新闻从业者

如何从中发现本身进步的可能空间，成为每一个有职业理想的个体不能回避的问题。事实上，近一两年，无论是市场环境还是政策环境，甚至受者的生活形态与媒介接触习惯，都在大数据技术的冲击下发生了重大改变。可以毫不夸张地说，以数字化为基础的大数据技术正在与互联网一起重新塑造媒体生态。

从产业链的角度看，大数据对新闻业从信息源的获取到新闻内容的生产与传播，再到新闻价值的二次拓展，以及新闻价值实现程度的效果评估，都有不可小觑的价值。本节从新闻的发现环节、生产环节、传播环节、传播效果评估环节，讨论大数据条件下新闻传播创新的可能空间及需要规避的误区。

（一）新闻发现环节：听懂数据语言

网络互联条件下产生的数据是呈现人与客观世界关系的冰冷信息，它往往分离了丰富的细节内容，让人难以发现其新闻价值。然而，如果能够读懂数据语言，发现其背后勾连着的新闻信息，就可以让新闻内涵更为丰满、背景更为坚实、结论更为聚焦。

比如，面对中秋、国庆黄金假期中的旅游热点，一些敏感的媒体记者通过利用网络和航空的开放数据，发现旅游热点地区和游客的出行偏好，从而形成具有预测性的假日旅游新闻，很好地实现了大众传媒的环境守望功能。这是实时意义上的新闻发现，而从大时段角度看，大数据可以做的事情更多。比如，在国际新闻领域，西方国家的大选周期以及特定党派的政策立场，对于国际关系可能产生的影响，如果新闻传播机构为记者提供相关领域的数据积累和基础性的检索与聚类手段，记者就可以在特定的时间节点前瞻性地发现新闻点，并且在新闻事件发生时结合历史背景进行深度解读和延展报道。这方面的例子，可以看看美国同行，他们是怎样在总统大选期间，将总统候选人在军队服役期间的信息和大学期间的轶事挖掘出来，抓住受者眼球，影响竞选者政治影响力的。

（二）新闻生产环节：让数据说人话

新闻生产实际上是新闻记者将专业话语翻译成大众话语的过程，若想让大数据帮助新闻生产，就必须让数据说人话、说大众听得懂的话。

在这个意义上，大数据可以发挥两个方面的价值：一是通过受者关注热点的发现，将新闻信息与之相勾连，为后一步新闻传播提供内容基础；一是运用大数据处理和呈现手段提升新闻的视觉冲击力和新闻的整体生动性。

就前者而言，在新闻事件爆发的前期，媒体人可以通过舆情监测与数据技术的结合，发现受者对于同一事件的多元信息需求。以 2017 年 11 月 23 日红黄蓝幼儿园事件为例，对于家长，孩子安全性是第一位的；对全国受者而言，同类事件隐患是不是在其他地方仍然存在，这一事件背后是不是有严重的安全责任，甚至是幼儿园自身的管理问题；对一些专业人士而言，可能还存在着教师的素质问题、相关部门的职责管理问题。

对于后者，将量化的数据与定性的判断、生动的细节相结合，可以让新闻生产的效率和价值都得到提升。有一个司空见惯的事实是，许多新闻媒体机构积累了丰富的历史新闻素材和相关数据，但是它们的价值处于沉没状态。如果新闻机构能够利用现代数字技术对历史新闻及相关素材进行有效管理，可以在特定时点检索所需要的数据和信息；同时，在一定的范围内可以通过人工智能的方式实现信息聚类，将沉淀的数据价值重新发掘，对散落的数据价值实现聚合。举例言之，各地新闻媒体都会有大量采访素材并未用于当时的新闻报道，成为边角料搁置在一边。大多数情况下，这些边角料都归记者所有，随着时间的推移，很大一部分会溢出当事人的记忆，成为被永远忘却的经历。但是，如果在现代数据存储和检索技术的支持下，新闻媒体能够对这些边角料性质的新闻素材进行管理，在大时间跨度的视野中，一些看似没有价值的素材就可能因为与特定的人、事、物的勾连而产生特定的新闻价值。例如，曾经有人将不同时期的口号与时代特征相连接，形成别开生面的新闻报道，其价值基础就是历史数据的积累。

在内容生产环节，数据的可视化技术与新闻人对于数据背后意义的深度解读能力相结合，可以产生意想不到的效果。2015 年春运期间，中央电视台在利用百度地图提供的人口移动数据进行"数说春运"的新闻报道时，一方面通过生动形象的个体定位系统描述春运期间不同线路的人群移动特点；另一方面，在可视化的数据背后发现当年的新特点。比如，以往春运人流的移动特点是从一、二线城市向三、四线城市及农村移动为主要特征，但是 2015 年春运期间出现了一股显著的逆向移动人潮。进一步的调查发现，他们是从老家投靠子女在大城市过年的老人们。在外打拼多年的年轻人，不少已经在工作所在地落地生根，有能力将父母接到身边团聚。而这样的人群不断扩大，已经形成了一种现象。这一发现，正是数据可视化与记者的新闻洞察能力相结合产生的结果。

（三）新闻传播环节：读懂受者需求

在新媒体驱动下，传媒生态环境发生了巨大变革，传统媒体的渠道霸权不复存在。要获得理想的传播效果，传播环节的技术推进显得非常重要。如果不能在传播环节实现更为精准有效的信息传递,在巨大的信息海洋中,传统媒体生产的内容就会瞬间被淹没,并因此失去已经变得相对脆弱的社会影响力。正因为如此,大众传媒机构在新媒体时代,必须而且可以借助大数据的帮助,根据受者的兴趣和习惯做更为精细的区分,甚至可以精确到每一个受者个体的特定需求。以此为基础,一方面,对于受者需求的准确了解可以向前延伸至新闻生产环节,从而准确地选择具有受者期待的新闻热点,并将复杂的新闻内容根据不同类型的受者做不同方式的处理。另一方面,可以将前期已做处理的新闻内容进行多渠道、多轮传播,从而实现新闻价值和传播效果的最大化。

例如,中国男女篮携手夺冠重新称霸亚洲篮坛,不同人群的关注点会有差别,有人关注篮协主席姚明、有人关注中国篮球究竟能走多远、有人关注中国体育事业的发展机制等。因此,除了中国男女篮亚运会夺冠的相关消息进行全面报道之外,对这些受者关注的话题也应该充分涉及。传统意义上,这些内容会归为花絮和深度报道类,而在新媒体环境下,就可以在大众传播渠道进行全面报道的基础上,在新媒体平台上针对不同受者进行内容推送。

(四)效果评估环节:让价值有迹可循

对于传播效果的准确了解是传媒机构科学管理的前提,正如美国管理学大师德鲁克所说,"没有测量就没有管理"。虽然广播电视的视听率、报纸的发行量及阅读率等勉强解决了粗放评估的需要,但总有各种不够精细的缺憾。大数据时代对于大众媒体的传播效果测量带来更多的便利。

传统意义上的传播效果评估只能停留在受者行为层面,无法对他们进行更为精细的态度和心理分析,大数据时代这一境况可以得到根本改变。从技术层面说,受者的信息消费情况总是能留下痕迹,对这些痕迹的精细分析为传播者了解传播对象的需求从而预测特定内容的受者喜好提供了坚实的基础。利用与受者行为相关的大数据,可以对受者的信息消费偏好进行细致到个体的刻画,与此相应的,传播者可以根据这些精确的偏好特征进行更为精准的信息服务。这一方法最典型的应用就是"今日头条"的信息推送,它对用户过去信息消费过程中积累的大数据进行分析,通过一定的算法把握特定消费者的个性化需求,并以此为基础实现针对不同用户的个性化信息推送,一方面改善了消费者的信息接收和阅读体验,另一方面提升了信息内容的传播效果。而在娱乐内容的生产传播方面,大数据应用得更为广泛。美国 Netflix 公司运用大数据技术进行电视剧《纸牌屋》的生产和传播所取得的惊人效果,是这一思路的典型运用。

中国媒体人在充分利用大数据提升传播效果方面，也有不少创新和探索。中央电视台在充分利用传统调查技术所获得数据的基础上，加入新媒体平台上的数据获取，对创新节目的传播效果和市场前景进行评估，以此指导节目创新和内容调整，取得了很好的效果；湖南电视台、北京电视台等在新节目研发和推广方面，充分利用新媒体平台所获得的数据，评估受者信息需求和媒体接触习惯，从而在内容生产和传播渠道、平台的选择上做出全新的调整，形成传统的电视媒体优势与新媒体平台优势之间的有效对接，产生了化合反应式的媒体融合效果。

（五）规避大数据误区：做真正的数据"知道者"

虽然说大数据时代的数据挖掘可以做到全样本分析，但是因为数据本身覆盖面的问题以及数据产生过程中的各类非自然因素，大数据显示出来的相关信息有时具有一定程度的欺骗性。换言之，对大数据时代的数据资源，如果不能拥有一双识别真伪的慧眼，就有可能带来负面效果。

具体来说，一方面，因为技术手段制造数据垃圾的成本较低，使得网络虚拟空间充斥着各种无用的信息，造成网络数据痕迹并不总是准确表征用户的行动轨迹和意见图谱。另一方面，因为各种利益相关方的人为介入，非正常方式生产的虚假数据也会对原始数据造成污染。这个时候，如果我们过于相信网络数据所显示的信息，就有可能造成对形势和舆情的严重误判。如果以这样的判断作为决策依据，就有可能产生严重的后果。所谓"大数据、大错误"指的就是这种情形。同时，对于数据的过分依赖，可能造成内容生产主体在创新方面的动力不足，弱化媒体个性的呈现。因此，准备利用大数据助力新闻生产的新闻人，只有练就一双去伪存真的慧眼，才能确保自己成为大数据时代的受益者。如果自己不具备这样的能力，最好在大数据新闻的生产过程中利用专业人士的智慧帮助自己做一些核心环节的判断，以确保不跌入大数据的陷阱。

当然，本节所探讨的大数据与新闻传播创新的可能空间都是基于传统媒体人对新媒体融合发展抱有积极的态度，并且在新媒体环境下传播渠道拓展、传播手段改进、与受者之间的互动以及传播情境和空间的营造方面有实际进展的情况下。否则，再多的想象也只能是纸上谈兵，于新闻实践没有太多帮助。

第二节　AR/VR 技术与新闻传播

VR（Virtual Reality）为虚拟现实技术，是利用运算平台（包括智能终端）模拟产生的一种虚拟环境，用户借助特殊的输入、输出设备，与虚拟世界中的物体进行交互，从而通过视觉、听觉和触觉获得与真实世界相同的感受。

AR（Augmented Reality）为增强现实技术，是通过计算机系统提供的信息增加用户对现实世界感知的技术，将虚拟的信息应用到真实世界，并将计算机生成的虚拟物体、场景或系统提示信息叠加到真实场景中，从而实现对现实的增强。增强现实技术，不仅展现了真实世界的信息，还将虚拟的信息同时显示出来，两种信息相互补充、叠加。

VR 技术和 AR 技术出现之后，由于其对事件场景的高度还原性和良好的体验性，很快被引入新闻业之中。而 VR 技术和 AR 技术在新闻业态中的尝试与普及，也逐渐改变和颠覆了新闻信息的传播模式。借助 AR 技术和 VR 技术生产的 AR/VR 新闻，拓展了媒介技术在新闻传播中的运用模式，对现有的新闻业态产生了深刻的影响。

一、AR/VR技术对新闻业态的影响

新闻行业的发展历来伴随着紧密的媒介技术的发展与更新，AR 技术与 VR 技术的出现，使新闻领域中一直讨论的"还原新闻现场、真实再现新闻事件"的新闻理想具有了实现的可能性。AR/VR 技术可以轻易解决传统媒介技术难以实现对新闻现场的复原、让受者近距离感受和体验新闻事件的难题。受者通过穿戴智能头显设备或用一部智能手机就可以近距离、沉浸式体验新闻现场。与传统新闻模式不同，AR/VR 新闻以强大的复原新闻现场的能力，提升了新闻传播过程中的信息容量和新闻信息传播的广度和深度，并直接影响新闻业态中从生产源头到接收终端的各个环节。

（一）打破传统新闻生产的"二维"模式，趋向"三维"模式和"多维"模式

AR/VR 技术出现之前，在传统的新闻信息的生产模式中，报纸、杂志、电视以及眼下大热的自媒体平台，诸如微信、微博等，提供给受者的新闻都是平面的，即"二维"的新闻。这类新闻通过单一的文字、图片、视频在二维层面进行传播。

AR/VR 新闻借助新型的媒介技术，从新闻生产的源头突破了二维模式的限制，

它不仅可以实现新闻现场的 360° 立体呈现,即新闻生产的"三维"模式,还可以借助 AR 技术,将虚拟场景和现实场景进行叠加,实现"多维"模式叙述新闻事件。

(二)营造新闻场景,给受者提供沉浸式新闻体验

传统新闻模式下,受者无法直接抵达新闻现场去感知新闻事件,只能通过传播者的"复述"来实现对新闻事实的了解和感受。AR/VR 新闻则可以打破受者需要通过媒介"转述"去感知新闻现场的桎梏,这种新闻可以借助 VR 技术和 AR 技术,将新闻现场直接"投射"到受者大脑里。由此,受者从新闻事件的旁观者直接转化为新闻事件的参与者,从被动体验转变成沉浸式的主动体验。

(三)"媒介中心化"的转变

传统新闻模式下,媒介在信息传播中处于主导地位,基本上是媒介说什么,受者听什么。自媒体时代,媒介中心化的模式被打破。AR/VR 新闻的出现,使媒介在新闻信息传播中的地位和作用都发生了很大的变化,受者的主动权进一步增强,甚至有权选择看什么、如何看,这也标志着新闻的传播模式已从传统的"媒介中心化"开始转变。

二、AR/VR技术对传统信息传播模式的颠覆

AR/VR 技术出现后,从新闻生产的源头到新闻传播的各环节,乃至受者的接受体验都发生了巨大的变化。其中,传播环节受到的影响和变化是最大的。

(一)新闻信息的传播内容,由单纯的文字符号、视频演变成"场景"和"体验"传递

AR/VR 新闻中,信息不再是平面语言符号的叙述,而是被直观立体地呈现出来。AR/VR 新闻,几乎是新闻发生现场的高度还原,新闻发生的场景被完全呈现给用户。

AR/VR 新闻在信息传递的内容上,打破了传统新闻时期的单一化模式。传统媒体时期,媒介用文字、符号、画面、视频等描绘新闻现场,转述新闻事件的详细情况。而 AR/VR 新闻不再描绘和转述新闻现场以及新闻事件的详细信息,而是直接传递新闻现场给受者,让受者自行体验现场,受者对新闻事件的了解和感受远比传统新闻时期更加真实和客观。

(二)新闻信息的传播方式上,突破了单一感官参与的限制,实现了多感官参与和联动模式

此前,应用制造商打造了某个关于街头游行的 VR 全景新闻视频。在这个新闻

视频中,受者通过 VR 设备,可以看到街头形形色色的人群,这些真实的画面和本身"身临其境"的体验,让受者可以感知事件发生时市民的真实状态,甚至可以真实地体验到人群的冲撞感,并全景浏览游行场面。

如果说传统的文字新闻调动的是受者的视觉、广播新闻调动的是受者的听觉、电视新闻调动的是受者的听觉和视觉,那么,AR/VR 新闻则直接调动受者的视觉、听觉、触觉甚至嗅觉等多种感官。首次在新闻信息传播领域中实现了受者多感官联动感知新闻信息的形态,彻底颠覆受者对新闻信息传播的理解和认知,这也意味着新闻信息传播开始进入新纪元。

AR/VR 新闻也符合传统新闻实践中反复强调的,新闻要传递给受者"最真实"的新闻现场和"最客观"的新闻信息的理论要求。AR/VR 新闻借助 AR 头显设备、现实增强技术,让受者"亲自"接触新闻现场,理解、感知、总结、概括、体验"最真实"的新闻现场。AR/VR 新闻提供的虽然是虚拟的新闻现场,但是其调动受者的多感官的感知却是无比真实的。

(三)受者由接受新闻信息转化为深度参与新闻传播的过程

2018 年 4 月,新华社发布 AR 新闻,人们点击新华社客户端首页下方的"小新机器人",使用 AR 功能扫描二代身份证,就可以成功进入 AR 新闻。进入 AR 新闻之后,受者可以选择两个不同的场景,打开声音并通过点击提示按钮进行阅读。

在新华社发布的这条 AR 新闻中,阅读什么、如何阅读、如何和媒介进行互动都成为受者的自主行为。在 AR/VR 新闻中,新闻信息传递的方式发生了改变,这也直接导致媒介在新闻信息传播中的地位发生变化。传统媒体时期,媒介深入新闻现场,采访和撰写新闻内容,媒介掌握新闻现场的第一手资料,媒介对新闻信息进行加工、编排之后传递给受者。在这一传播模式中,媒介始终处于主导地位,由媒介来掌控受者看什么及如何看。AR/VR 新闻向受者传递的不是"内容"而是"场景",也就是说,媒介不再是新闻现场的唯一参与者,受者可以直接成为新闻现场的参与者,他们可以和媒介一样感受新闻现场和新闻事实,因而受者对新闻事件的了解和感知更接近真实。

三、AR/VR技术对信息传播模式的重构

AR/VR 技术对传统新闻信息传播的内容、方式、主体构成等方面都产生了一定的影响,这也意味着适应 AR/VR 新闻传播特点的新型传播模式日渐成熟。媒介必须清晰地认识到 AR/VR 新闻发展的前景,积极构建适应 AR/VR 新闻传播形态的传播模式。

（一）在新闻信息传播视角，媒介要由传统新闻时期的二维叙事角度转化为突出视觉化的多维叙事角度

AR/VR 新闻的传播需要一定的设备支持。长期以来，昂贵、携带不便、体积偏大的智能头显设备一直制约着 AR/VR 新闻的传播和发展。但随着科学技术手段的发展，头显设备不断更新换代，携带轻便、价格低廉的头显设备不断被研制和开发出来。2018 年 6 月，某品牌发布全球首款超轻便独立 AR 一体眼镜835，可适应90%以上用户的头型和瞳距，吸附式矫正镜片让近视用户也能够正常佩戴。该机质量轻盈，重量 120 克，眼镜上方搭载了一个 1300 万像素带光学防抖的摄像头，可实现远距离视觉识别、二维码扫描。这意味着 AR/VR 新闻的普及速度也将加快。

由于 AR/VR 新闻采用多维模式进行传播，头显设备也主要依赖受者的视觉感受去体验新闻信息，因而，AR/VR 新闻传播内容上，媒介要摆脱传统思维的束缚，从视觉的突出化视角去进行 AR/VR 新闻的内容传播，适应时代发展对新闻传播的新要求。

（二）在新闻信息的传播方式上，媒介要合理把握AR/VR新闻营造的真实度

VR 视频新闻沉浸式传播模式中，这种类似于现实的虚拟存在，通过 VR 技术对视频信息进行传播，将受者的听觉、嗅觉、触觉等多方面的感官调动起来，让受者的神经系统和感知系统融入 VR 新闻中，形成沉浸立体式视觉体验，对受者的视觉产生欺骗，导致受者对虚拟环境与现实世界认知的错位与模糊，从而将太过真实的 VR 虚拟仿真与现实混淆。

虽然 AR/VR 新闻能够给受者带来更好、更真实的体验，但是，媒介也需要合理把握提供虚拟新闻现场的方式。AR/VR 技术提供的虚拟世界对于受者而言是一把"双刃剑"，媒介如何把握其中的平衡点，是媒介在 AR/VR 新闻传播过程中面临的新挑战。媒介必须在提供 AR/VR 新闻的同时，采用一定的技术手段避免用户过度沉溺于虚拟的新闻现场中。

（三）媒介需要履行好"把关人"的职责，维护新闻信息传播的秩序

AR/VR 新闻使"受者主动参与的特性发挥到更大的程度，新闻业态中以受者为中心的思维将不断得到加强"。但是，随着受者在新闻传播过程中的主动权大大增加，媒介在新闻传播中的"把关人"功能被相对弱化，媒介需要提高对新闻舆论的引导能力。AR/VR 新闻赋予受者极大的自主性，也给受者带来大量原生态的新闻现场，假若受者缺乏必要的新闻素养或者出现认知偏差，就会影响受者对新闻事实的正确

认知，影响新闻信息的传播效果。因此，媒介需要履行好把关人的职责，在AR/VR新闻的传播环节，在新闻信息的内容、舆论导向等方面对受者进行技术性引导，避免产生新闻事实的无序传播现象。

第三节　自媒体与新闻传播

任何新型行业的发展都和互联网发展有着不可分割的联系，自媒体新闻就是在互联网的基础上发展起来的，利用互联网的优势，快速发展并且占领市场。自媒体新闻传播在互联网信息技术的促进下，展现了这种新型的新闻媒体的传播魅力，在我国迅速扎根并且不断壮大。自媒体之所以能在短时间内迅速的发展，和互联网有着密不可分的联系。

一、自媒体新闻传播的特点

自媒体新闻传播不仅具有互联网信息传播的优势特点，还具有私人化、平民化、普泛化、自主化、现代化以及电子化等相关的特点，新闻传播的趋势向个性化方向发展。自媒体新闻的传播速度快、传播量大，能够满足用户的更多个性化需求。我们熟知的自媒体新闻传播载体有博客、公众号、微信、百度等，这些新闻传播载体除了具有新闻传播的特点以外，还同时具有编辑的特征，更加优化了新闻传播的功能。

二、自媒体新闻传播对传统媒体的影响

（一）内容方面

传统新闻的传播手段处于一个较封闭的状态，读者通过传统媒体得到的新闻信息都是经过精心挑选出来的，这样挑选出来的新闻极大的影响了读者对于新闻范围的要求，并且这些新闻的发布是在某种约束下进行的。相对而言，自媒体具有一定的开放性，新闻内容也更加"随意"，广泛的新闻内容，最大限度满足了读者对新闻范围的要求，而自媒体所呈现出的开放性涵盖了新闻制作的每个环节。无论是新闻的选材、采访还是排版撰写等流程，自媒体的特点都对传统媒体的发展产生了影响。自媒体在发展方面，依靠社会人群的加入和网络信息技术的发展。由于新闻内容拥有者群众基础，所以，发布的内容更符合大众的价值观，也能引起更多共鸣，同时与社会的舆论导向保持一致。而传统媒体由于一些掣肘，对重要新闻无法做到立即采访和发布，这就影响了其信息传播的及时性，如果传统媒体可以将网络因素融入行业发

展中,那么,相信自媒体对传统媒体的影响便不再是冲击,而是一种促进。

(二)传播对象

互联网技术的发展势头使越来越多人进入网络时代,网络时代大背景下,传统媒体遭到的影响和挑战也空前紧迫,其中,最重要的影响因素便是传播对象和传播者在新闻传播过程中所扮演的角色。传统媒体在新闻传播方面要经过很多层次的审核后才可以发布,而且在新闻内容的选择中,受某些因素的限制,传统媒体信息传播对象范围较窄。而新媒体由于具有群众传播属性,能够受到更多读者的关注。在新媒体传播过程中,用户可以充当传播人,可以对新闻信息进行二次传播甚至多次传播,这种传播模式将"传播人"和"受者"结合,打破了传统媒体中传播者与受者之间的距离,新闻传播者不再神秘,新闻的传播范围也更加广泛,随之而来的便是自媒体得到的认可度越来越高,而传统媒体的新闻在自媒体中大都可以呈现,其影响力也变得越来越低。

(三)社会舆论

相比而言,传统新闻媒体是在一个充满约束的"笼子"中进行,新闻传播也是依靠传统的报纸或广播电视等方式,受者在接受新闻的过程中,只能单方面接受,而不能真正参与进来,没有空间和平台发表自己的观点。很多人将传统新闻的传播方式称为"信息垄断",一旦传播媒体没有将新闻播报出来,那么,受者便再无处查看和了解。

自媒体的出现改变了传统媒体的新闻传播方式。传播者和受者之间的距离不再遥不可及,极大地促进了角色互相转换的局面。在社会舆论方面,自媒体也可以为受者提供参与评论的机会。另外,自媒体的自由性、即时性使受者可以接收到更多的新闻内容,使新闻囊括范围大大拓宽。而角色互换的特点使受者可以对接收到的新闻进行加工传播,新闻内容更加丰富,更加"接地气";同时,受者还可以对新闻内容进行监管,反驳和揭穿虚假内容。参与到新闻传播中的人们很容易产生社会责任感,这对社会的整体发展更为有利。

三、对自媒体与传统媒体的深思

(一)将新技术植入新闻传播中

新媒体的出现给传统媒体带来冲击的同时,也提供了发展机遇。深入挖掘自媒体的优势,针对本身传播方式和效果方面的不足,进行相应改进,能够给传统媒体的发展带来前所未有的成功。

创新新闻传播方法尤为重要，虽然自媒体在新闻传播方面的技术已经取得一定的效果，但我们必须认识到传统媒体对新技术的引入本身就是一种创新。覆盖度广、运用时效性强的网络和无线传播是一种顺应时代的传播方式，采用这种方式，对新闻进行大规模传播可以提升传统媒体影响力。并且，长久以来传统媒体在新闻传播中的地位，有助于新技术植入，并促进本身发展。当前时代下，微信、微博等软件被人们普遍使用，尤其是微信用户数量急剧增加。微信中的新闻推送可以收获大量读者，在自媒体冲击情况下，运用新的社交软件可以更好地提升传统媒体的影响力。

（二）培养和引进新媒体素养的专业新闻传播人才

自媒体传播中，对于内容的规范性和随意性要求相对宽松，这样的便利条件固然带动了自媒体发展，但对新闻播报内容的限制较小。由于自媒体的传播手段较多、传播范围极广，相关监管部门工作量也大大增加。传统媒体的系统化便于监管，因此，传统媒体在新技术应用中可以得到更多权威部门的支持。培养和引进具有专业素养的新闻传播人才可以在一定程度上满足传统媒体的发展需求。而且，人才储备是企业良好发展的关键，大量的人才可以增强传统媒体的实力。在自媒体方面，当前的自媒体正处在发展速度过快的背景下，人才缺乏且无法得到及时填充，掣肘了自媒体的长久发展，昙花一现的结局无法避免。在人才方面，传统媒体可以和自媒体相互合作、互利共赢。在提高新闻传播质量的同时，更好地为用户负责。人才机制的引入，可以全方位提升企业文化。作为新闻传播者，各个媒体都有责任和义务不断进步。

总而言之，尽管自媒体在当前的新闻传播中展现出极大的优势，并对传统媒体形成了一定的冲击和影响，但自媒体传播过程中也出现了大量弊病。相对而言，传统媒体的稍显落寞，只是因为对于新技术的引入观念不强。我们不能忽视传统媒体传播的优点，长久以来的积威使传统媒体在社会稳定方面发挥着重要作用。面对自媒体带来的挑战，传统媒体如果能够及时改善本身传播方式并开创新的传播方式，传统媒体在新闻传播中的地位依然无法动摇。随着技术的越发完善，相关新闻工作人员可以将自媒体和传统媒体进行恰当融合，使新闻传播工作出现前所未有的辉煌。

第四节　区块链技术与新闻传播

随着技术的不断发展，传统新闻传播行业一直在尝试利用新兴技术（如 AI、VR

等）进行创新实践，以期走出困境。但纵观这些创新实践便不难发现，这些尝试大都是通过新兴技术，丰富新闻的报道方式和呈现形式，并不能从根本上解决新闻传播行业所面临的主要困境。

区块链技术被称为"第四次工业革命的核心技术"，最初于2008年由日裔美国人中本聪提出。简言之，区块链技术是分布式数据存储、点对点传输、共识机制和加密算法等计算机技术的新型应用模式，其本质是一个分布式数据库系统，而去中心化则是该系统的核心特征。基于区块链技术的本质及核心特征，在理想及主要考虑积极因素的状态下设想，这一技术的出现很有可能促成新闻传播行业产业生态的重构，直击行业痛点，为新闻传播行业走出困境提供一种全新的思路。

一、区块链技术有望使新闻传播行业走出困境

（一）提升新闻传播行业的公信力

（1）区块链技术有可能帮助新闻传播行业摆脱商业资本控制，从源头上减少生产不客观新闻及虚假新闻的动机。区块链为虚拟货币流通、点对点去中心交易提供了基础设施支持，且通过加密算法减少了免费替代性新闻产品的数量和渠道，增强了消费者的付费意愿。因此，在这一系统中，新闻产品的生产者能够直接从消费者手中获得即时收益，跳过了传统的流量变现环节，基本摆脱了商业资本的控制。

（2）区块链改变了新闻产品的审核及发布流程，依靠全民审核模式最大限度地保证了新闻的客观性和真实性。应用区块链技术的新闻平台不再将新闻稿件收集到一个中心编辑部进行审核、筛选和编辑，而是在新闻产品完成后，随机邀请多位不相关的用户对新闻稿件的内容进行评估。例如，美国的去中心化新闻网络DNN（Decentralized News Network）在撰稿人完成新闻稿件撰写后，随机选择7位匿名审稿人就新闻的准确性和公正性进行审核评估，并根据编辑指南对文章提出修改意见。审核结束，审稿人将获得平台自动分发的DNN代币作为报酬。在这一扁平化的发布系统中，编辑主观性强的问题得到了有效的解决，且虚假新闻必须通过的"关卡"由过去的一到两个变为多个，因此，将区块链技术应用于新闻行业后，虚假新闻将得到很大程度的抑制，新闻的客观性也有望回归。

（3）区块链技术有助于降低虚假新闻的鉴别难度和监管机构的监管成本。利用分布式数据存储技术可将新闻生产、发布和传播的每一个环节同时存储在该区块链的所有节点上。因此，从理论上看任何人都无法私自篡改或是删除新闻，所有的信源都可以被精准追溯；此外，存储下来的信息都将按照时间顺序自动排列。这一方

面能够帮助消费者依据信源的身份和相关时间节点对新闻的真实性做出更准确的判断,降低虚假新闻的扩散能力,减弱其违规动机;另一方面可以大大降低监管机构对新闻产品的监管成本和对虚假新闻的查证难度,加大违规阻力,进而帮助新闻行业重拾公众信任。

(二)促进新闻传播行业发展繁荣

(1)区块链技术能够增强新闻生产热情,让人们有意愿去生产新闻。区块链技术使得信任成本降到极低,用户不需要任何中心化平台,即可以与任何人直接建立信任关系,并进行直接交易。因此,通过区块链技术,新闻生产者能够直接从消费者手中获得即时性收益,这无疑是一种有效的激励。

(2)区块链技术能够通过放权让更多的人去生产新闻。公共区块链平台,如以太坊,为实现新闻的平民化参与提供了基础设施。任何人都可以成为区块链的一个节点、任何人都可以生产新闻,并有机会平等地发布作品、获得收益。因此我们有理由预想,与区块链技术与新闻传播行业实现融合之后,新闻传播行业或将呈现"百花齐放"的繁荣景象。

(3)区块链技术有助于提高新闻生产效率,降低生产成本。区块链是一项可在世界范围内应用的技术,且能够实现全节点实时同步更新和存储。因此,利用区块链技术,新闻生产者可进行多点合作,甚至跨国合作,这将大大降低收集信息的成本,同时提升新闻生产的效率,对提升新闻的客观性也是有益无害。

(4)区块链技术有助于提升公众对新闻的信任程度和消费热情。首先消费者可通过区块链技术与新闻生产者直接建立联系,为自己感兴趣的新闻选题提供资金和信息支持。另外购买过某一新闻产品的消费者将成为该区块链中的一个节点,与新闻生产者所在节点存储着相同的全部信息,因此新闻的整个生产过程和资金流向对消费者全部透明,新闻生产端与消费端之间的信息对称也得以实现。

(5)区块链技术能够助力新闻学术研究。美国新闻史学家迈克尔·舒德森(Michael Schudson)曾指出:"所有传播史研究面临的问题之一是其基本研究材料的'易逝性'(evanescence)"。新闻研究往往需要依托大量文本,但新闻的特殊性使其文本体量巨大、难以长期或永久保存,而文本的缺失则给新闻研究造成了巨大的障碍。但区块链技术在理论上能够实现信息的永久储存及各个节点的追溯,因此,在未来,区块链也许可以作为一个庞大的语料库与新闻传播行业实现融合,从学术研究层面推动新闻传播行业向前发展。

二、区块链技术与新闻传播行业融合的现实壁垒

（一）技术壁垒

作为一项最前沿的革命性技术，毫无疑问，区块链技术具有很大的发展空间，但目前区块链技术的发展，还客观存在着一些技术壁垒。

由于区块链技术的核心特征是去中心化，在与新闻传播行业的融合场景中，这就意味着新闻生产、发布和传播的每一个环节，都将被同时存储在区块链的所有节点上。这种共识机制保证了数据的安全性、中立性和不可篡改性，但区块链上的数据被无限期的存储，且不断地增加，必然会造成巨大的技术成本。同时，这也会随之带来处理量低以及处理一个区块耗时长的效率低下问题。所以，目前的区块链技术门槛和成本都很高，但效率却相对较低。在这种情况下，区块链技术只有在对去中心化有极大需求，并且能够承担其技术成本和时间消耗的行业中，才能带来实际的价值。但遗憾的是，新闻传播行业并不属于此类行业。

从现有的区块链新闻平台（如 DNN、Civil 和 PUBLIQ 等）来看，一方面，目前区块链技术的计算能力和反应速度都无法满足新闻传播行业对时效性的较高要求，同时，大量冗余存储带来的高技术成本也将给新闻传播行业增加很大的负担；另一方面，目前区块链技术的门槛很高，普通新闻工作者和民众实际上难以进入。因此，着力推动区块链技术走向成熟、提高其运行效率，降低其技术门槛是新闻传播行业与区块链技术实现融合的首要前提。

（二）虚拟货币政策壁垒

除了技术壁垒，虚拟货币和政策法规同样是新闻传播行业与区块链技术融合道路上的一大障碍。

首先，与区块链技术融合后，新闻传播行业的大部分甚至一切交易将依靠虚拟加密货币进行，但虚拟货币本身并不具有任何实在价值，且为保持代币的吸引力，很多虚拟货币的发行数量都是一定的（如比特币、Press Coin 等），这就导致虚拟货币的价值完全受供求关系影响，稳定性较差，容易引发投机行为，目前还不能成为一个理想的价值存储介质。因此，制定一套较为完备的虚拟货币政策十分必要。

其次，目前国内还没有出台基于区块链技术的新闻监管政策和行业规范。区块链技术的发展可以无关国界，但政策却难以做到，而政策的差异又可能成为合作的壁垒。因此，如何制定国内的相关政策，并通过国际协商，利用好区块链技术可能带来的跨国合作新机遇，也是当前需要思考的问题之一。

当前,新闻传播行业正在重重困境中摸索前行,而区块链技术的出现则为新闻传播行业突破困境提供了一种新的思路。虽然现阶段区块链技术与新闻传播行业的融合还存在现实的壁垒,区块链技术与新闻传播行业融合发展的道路也还很漫长,但是我们应该保持足够的敏锐度去识别这种新的可能性,也应当有足够的勇气去大胆试错、不断探索,因为区块链技术可能不是根治顽疾的"速效药",但它却有可能是新闻传播行业向前发展的一线希望。

第五节　融媒体与新闻传播

随着科技发展的日新月异,传统媒体面临很大的挑战。一些新的技术手段的应用改变了媒体的传播方式和传播手段,新媒体不断涌现,媒体之间快速融合,人们获取信息的方式更加多元化,这对传媒从业者提出了新的挑战。

一、融媒体：科技革命的必然趋势

信息技术、互联网的发展使许多行业发生了革命性的变化,媒体就是其中之一。在移动互联网快速发展和国外媒体数字化转型加速的背景下,我国媒体融合发展已是大势所趋,大数据、云计算等技术运用到了全媒体采编平台构建之中,移动直播、H5应用等技术在采编制作环节普遍采用,机器人写稿、无人机采集、虚拟现实等技术从无到有,实现了突破。目前,无论从国家层面的战略部署、宏观政策,还是从各新闻单位的现实需要和发展实际,以及受者信息获取与沟通交流需求,都预示着我国融媒体发展时代已经来临,且融合进程在不断深入推进。关于媒体融合,学界的共识是它包括体制、技术、管理、新闻生产等多方面的融合,其中最基本的融合当属新闻生产,因为在新的媒介生态下,新闻生产的社会环境、职业环境发生了巨大变化。为了顺应这种变化,媒体新闻生产的方式方法、技术手段、传播途径,以及最重要的从业人员的综合素质能力都会有一个较大的融合转型。现在,我们经常会看到许多媒体记者出现在公众视野的时候,同时具有某某报社、某某电视、某某网等多种头衔,他们的新闻稿件也会在他们所在的各类媒体同时刊播。从国家级、省级、到市级等各类媒体,也都加快了新媒体建设的步伐,音频、视频、图文、图片等媒体矩阵构成了强大的传播阵势。这样的传播方式和传播手段前所未有,转型速度也前所未有。

二、融媒体传播：颠覆性的改变

媒体融合发展首先带来的变化就是媒体的边界模糊性。传统报纸、广播、电视行业的边界逐步模糊，融为一体。互联网媒体日新月异，蓬勃而生，并迅速吸纳了报纸、广播、电视、杂志期刊等传统媒体的传播手段，成为新媒体。虽然新媒体的发展速度快得惊人，给网络监管者带来种种顾虑，但笔者认为，每一种类的媒体都具有不同的优势，受者需要在不同的场合、不同的时间，有不同的传播媒介，报纸的轻便简洁、广播的互动性、电视的直观性，都是新媒体不能取代的，传统媒体的变革并不是被取代，而是要不断适应受者需求，发挥各自优势，实现转型融合。

媒体融合促进了信息的多渠道传播，提高了媒体综合传播能力。例如，某日报社通过近年来的媒体融合发展，已经从传统单一的纸质媒介，逐步发展形成具有报纸、刊物、网站、微博、微信、电子阅报栏、户外大屏幕等多种传播手段的融媒体矩阵，可以同步进行纸质媒体、网络媒体、移动媒体、户外媒体和多语种传播，形成了"一次采集，多次生成，多元发布"的融媒体生产格局。该广播电台逐步探索创新媒体融合方式，开设了众多公众号等网络媒体和手机媒体，采用高清航拍、模拟演播室、大数据、视觉包装、微场景制作等多种技术手段，使新闻传播从内容到形式都实现了质的突破和飞跃，视觉角度更为开阔、内容更加直观、新闻传播力和影响力进一步提升。同时，通过手机微信，新闻转发和传播速度更快更便捷，公众参与性也明显增强。

新的传播形式持续演变，融媒体时代对新闻从业者的要求也趋向多元化、个性化、高标准。传统媒体从业者分门别类的技能已经不能适应新媒体的要求，作为一个新闻事件的采访者和传播者，要提供文字、视频、音频、图片等多种素材，熟练使用电脑、画面编辑机、视音频制作设备，甚至掌握简单的制作和处理技术，都是今后对新媒体记者的基本技能要求。视音频传播，不仅要求记者提高各项采制技能，同时也需要提高出镜能力。而主持人需要培养本身的职业素养，做专家型的主播，才能适应当前融媒体新闻发展需要，满足观众的需求。

三、融媒体时代新闻传播策划的重要性

在媒体融合的时代下对电视新闻传播进行策划是适应目前媒体竞争的需求，网络的出现和迅速发展也给传统的新闻传播带来了很大挑战和冲击，尤其是一些新闻领域日益趋向白热化的竞争更是带动了新闻媒体和传播方式的改变，如今新闻策划已被很多人关注。网络媒体与传统媒体相比，电视新闻节目的传播方式相对落后，因此就需要从其他方面进行弥补，才能挖掘出新闻资源和内容的最大价值。

电视新闻传播策划能够为电视节目带来更好的社会效益和经济效益。如果电视新闻主题报道没有经过策划就传播出去，节目内容和传播方式就比较平庸。当新闻报道比较通俗时，就会降低用户对新闻节目了解的主动性，难以引起更多受者的关注，电视新闻传播节目带来的社会和经济效益也就比较差。

电视新闻传播策划是一个媒体塑造精品、实施品牌战略、赢得本身良性发展的必然需求。随着竞争环境的日趋激烈，电视传播媒介必须树立本身的品牌意识，讲求品牌效益，因此就需要从新闻策划开始，打造出电视新闻节目中的精品。

新闻策划更是关系着新闻的采编与实践，随着新闻领域之间的竞争逐渐加剧，新闻策划所投入的人力和物力都会在新闻报道中展示出来，因此媒介工作人员开展新闻策划，必须符合时代的发展，掌握大量的社会需求，才能对新闻传播节目进行很好的策划。这同时也可以让记者和编辑在工作中得到锻炼，提升新闻报道的质量和水平。

四、电视新闻传播策划的方式

（一）电视新闻报道策划要注重内容

在一个新闻传播节目当中，只有内容新颖，才会引起更多观众的喜欢，内容对于一个电视新闻节目是制胜的重要途径。新闻报道首先要进行新闻策划，策划时要选择一些比较好的方式对新闻的主题进行深入解读，选择题材上一定要注意选择比较新颖的观点，能够在第一时间吸引观众的眼球。除此之外就是要更加贴近观众和人们所关注的一些民生问题，挑选的新闻事例也要具有很强的代表性。其次就是根据策划方案将策划前期准备做妥当，最后就是以新闻节目报道形式和角度制订最合适的新闻策划方案，制订方案时也要多准备几个，方便后期的修改和调动。在一次次的策划中吸取和总结经验，不断促进电视新闻节目的转型。

（二）对电视新闻节目的宣传片要进行包装

电视新闻内容虽然能够吸引更多的关注，但如果有一个好看的包装就能使电视新闻节目更加美观，吸引更多观众的目光，最后产生较好的社会和经济效益。除此之外电视新闻节目还要拥有本身鲜明的主题、适宜的字幕包装等。在对电视新闻节目包装的过程中应当注意包装的形式要与内容相符，可以适当根据电视新闻节目播放的特色和内容进行宣传片的确定。

对电视新闻节目的宣传片进行包装，最重要的就是要对形式进行创新、声音进行创新、画面要有冲击感、文案素材要连贯具有思想性。在形式的创新方式上，要不断强化内容的视觉形象,给广大观众留下深刻的印象。声音的创新要结合宣传的对象,融入恰当的音乐。画面的创新需要将视觉冲击和文化底蕴相结合,要富有节目的文化特色以及地域特色。文案是整个宣传片的灵魂,因此要具有说服力、全面和精辟等特点。可以将宣传片的基调与情绪紧密结合,将故事作为出发点进行选取,进而感染观众。

(三)电视新闻节目适当地选择一些特技

特技属于一种丰富影视艺术作品中常见的手段,运用特技的目的就是使电视新闻节目的画面具有更强的解说性,能够让观众对电视节目有一个更具体和形象的理解。在电视新闻节目中适当运用一些特技,然后配合主持人的讲解,就能够全面并且真切的还原新闻节目的现场过程,一些比较形象的画面还能够使观众过目不忘。

特技可以优化电视新闻传播效果,因此在特技的添加中需要具有真实性和时效性。在特技的使用过程中,一定要对新闻节目进行如实的报道,掌握分寸和尺度。可以适当地将一些数字制成波状或者柱形表格给观众留下更加直观的印象,也可以将新闻节目中出现的地理位置做成地图类型,观众可以更加直观的了解。此外也可以对一些原因的画面进行放大或者放慢强调性处理,让观众看起来一目了然。

(四)主持人要适当进行形象艺术包装

电视新闻节目的主持人形象直接决定着观众对电视新闻媒体的直接印象,因此电视新闻的主持人不仅要具有独特的个性,还要代表电视新闻节目具有一种形象的姿态。对电视新闻节目主持人的适当包装要注意主持人的言行举止。随着信息化时代的飞速发展,一个人的言行仪表很容易被大众传媒传播出去,因此良好的言行举止能够提升一个主持人的形象。

传统的新闻传播会随着互联网时代的到来在融媒体时代得到进一步发展,人们对于新闻信息的获取方式也将不再局限于电视新闻,更多的用户可以使用互联网来获取信息。因此只有对传统电视新闻节目进行不断的转型和创新,才能紧跟时代发展的潮流。

第六节　数字技术与新闻传播

时代的发展日新月异,各类新技术也层出不穷,在新闻传播领域先后出现了很多不同的媒体技术。数字媒体技术的产生给新闻传播带来了很大的影响。因此,首先需要对数字媒体技术有一个更加深入的了解，才能进一步探讨数字媒体技术带来的影响。

一、数字媒体技术与新闻传播概述

实际上，数字媒体技术的出现与社会信息科学技术的繁荣有着密切的联系。一般来说，数字媒体技术是一种新型的技术手段，它主要是利用现代发达的计算机通信技术，以及音视频、文字图片处理技术等，将内容丰富、含义抽象的各类信息变为具有可感性、交互性的信息内容。

作为一种具有强大综合能力的应用技术，数字媒体技术最终得以实现的关键技术主要有数字信息获取与处理技术、数字信息传播技术等。在现实生活中随处可以看到应用数字媒体技术的实例。例如，我们所观看的电视新闻节目、广播节目都是通过数字信号传递到千家万户的；现代生活中流行的网络直播、虚拟现实技术等，也是通过数字媒体技术得以实现的。目前，在世界范围内已经形成了较为完善的数字媒体产业，不仅促进了媒体领域的发展，还推动了信息产业的进步，在一定程度上提升了信息产业的发展能力。

将数字媒体技术应用到新闻传播工作当中，实现了新闻传播工作的优化和与时俱进。在信息社会，媒体行业是随着社会的发展而不断变化与发展的。在新闻传播工作发展过程中，需要先进的技术作为支撑，而数字媒体技术刚好为新闻传播工作提供了相应的技术支撑。实际上，数字媒体技术与新闻传播有着密切联系。一方面，数字媒体技术的发展可以推动新闻传播工作的进步；另一方面，新闻传播工作的开展也为数字媒体技术的完善与创新提供了必要的实践经验。

二、数字技术影响下的新闻业态

正所谓技术是把双刃剑。数字技术在新闻传播中的广泛应用一方面使专业媒体的传播更便捷、内容更多元，更容易找到媒介融合的突破口，但另一方面也让专业媒体面临更严厉的舆论监督和来自"自媒体"的新考验。

（一）传播更高效

微博、微信随时随地实时更新的特性尤其符合新闻报道"快"的第一要义。尤其是在应对各种突发新闻中，微信、微博占据着得天独厚的优势。新闻工作者能第一时间在事故现场通过手机进行拍摄照片和简单的文字编辑，就能将消息发布出去。微博短小精悍的特性尤其有利于新闻事件的系列跟进，随时更新事件动态。微信的新闻传播主要在公众号进行传播,虽然篇幅不如微博精简,但也恰巧弥补了微博不适于做深度评论的缺点。

(二)内容多样性与个性化兼具

除了传播效率更高,传播内容的多样性也更丰富。一是新闻内容的关联性。微信和客户端的同类新闻推荐就是数字技术基于大数据实现的。二是我国的新闻客户端遍地开花,每个客户端都有自己的定位和侧重点。例如,腾讯新闻的客户端整合了各种媒体的信息资源,通过关键词搜索就能快速找到不同媒体报道的同样主题的新闻。由此,不管是从新闻的内容,还是从新闻的来源来看,受者的选择都更多了。同样地,受数字技术影响,多样性的新闻传播还包含了人性化,它的人性化体现在数字技术通过记录下用户日常在新闻客户端的浏览信息的轨迹,并形成大数据,进而根据用户的需求进行个性化的调整,最终让每个受者享有自己定制的新闻内容,这种进步是传统的新闻传播形式无法做到的。

(三)信息碎片化和娱乐化加剧

李希光教授指出,网络发展到今天,新闻与娱乐之间的墙在消失,新闻与言论之间的墙在消失,新闻与广告之间的墙在消失。从积极的一面来看,拎干货的内容思维,接地气的网络语言贴合了手机碎片化的线性阅读模式,拉近了与受者的距离。让人身临其境的黑科技VR和突出互动对话的网络直播都体现了传播者重视受者在接收信息过程中的体验感。不过,这其中的消极作用也不容忽视。最典型的表现就是连很多权威严肃的微信新闻也不时出现"标题党",虽然通俗易懂和趣味性对于传播很重要,但是日趋碎片化、娱乐化的内容大大改变了以往对新闻的选择和判断标准。

(四)舆论监督更透明

以前的传统媒体由上而下的垂直传播特点在一定程度上使得大众在公共领域基本处于失语的状态,当微博和微信作为社交媒体的姿态出现时,无疑是为公众提供了前所未有的广阔的话语空间。它们比传统的沟通工具更人性化,促进了人际互动的行为和效率。媒体微博每次发声,公众都能即刻回应,这种反馈的现时性对于新闻传播过程的意义是重大的。它一方面可以检验新闻传播效果,另一方面可以根据反馈的内容对后续的新闻传播行为进行调整和规划。这意味着新闻传播的重心不仅仅是政治议程,公众议程的分量也会越来越值得关注。

除了简单的点对点发表评论以外,如今数字技术还能实现用户参与媒体组织的专题讨论,投票和调查等社会性活动,每个公民都能通过自己所拥有的数字工具进行舆论监督,新闻舆论监督的功能就在这些传播活动中得到进一步的强化。

（五）来自自媒体的威胁

数字技术一方面能为专业媒体的新闻生产和传播带来新的推动力,另一方面也在无形之中创造了阻力。在数字技术创造的微博和微信平台上,人人都拥有平等发声的权利,每个个体只要愿意,都是传播者。很多组织机构如今都有自己的微信微博平台,他们在上面发布信息,与受者互动,甚至把自己的微博、微信运营成其最具权威性的官方信息渠道,当受者想要了解与之有关的消息,首先想到的不再是媒体,而是直接到其官方平台去寻找。这就意味着专业媒体不再拥有新闻生产和传播的绝对权力,自媒体使专业媒体逐渐丧失新闻来源的优势,开始引起了媒体行业的重视。

"两微一端"、H5技术、黑科技,还有网络直播等数字媒体技术的出现让信息传播更加便利和有趣,它们所具备的互动性、普泛性和自主性这些优势已经在逐渐改变大众的人际交往模式、认知模式、机制建设甚至是社会结构。对于新闻传播来说,数字技术使得新闻编辑生产模式出现了新的业态,因此,专业媒体在未来的新闻发展中,将面临如何能利用好技术才能既实现与自媒体和谐共存,又要整合内部资源找到突围之路的难题。

第七节　微博与新闻传播

现阶段,微博已然成为我国新闻传播的一大重要方式。本节从探讨微博对于新闻传播的重要意义出发,详细阐述了微博新闻存在的重要性和重要地位。接着笔者又深入分析了微博新闻的基本特点并就当前我国微博新闻中的问题所在做了系统的论述分析。最后,针对解决方法和完善策略的问题,笔者做了理论性和观点性分析论述。

一、微博对于新闻传播的重要意义

微博似乎是在一夜之间便风靡全球、家喻户晓。所谓微博其实质代表的是即时信息流,也是对微型博客的一种简称,是新兴的一类开放互联网社交服务,其简短精悍、开放实时是微博的一大特点。主要具有以下几个方面的功能:

（1）具有一定的针对性。对某个话题、某篇新闻的进行讨论,邀请朋友一起各抒己见参与话题讨论,没有最终的对与错、是与非。

（2）用户可以针对某个特定的"关键词"查看微博,微博利用这个特点让大众去了解比较感兴趣的朋友或明星或在意的人的微博动态。

（3）用户不仅可以看更可以转发微博，如果是自创的微博更加没有问题，用户可以随时随地将自己所想、所听、所看、所感悟的事情，制作成一张图片、一小段文字，或者一段小视频发布，与大家分享。微博的这种形态在传播新闻业领域，它的影响力和传播速度与传统媒体相比具有很强的优势，甚至论坛、博客等网络媒体也不能与它相比，对传统、保守的媒体形态造成了一定的冲击，使其产生了一定的危机感。任何事物都是相对性的，有利也有弊，微博的信息泛滥也给受者人群和微博网站带来一些烦恼，比如某些信息的真实性是否可靠？是否安全？这都是需要解决的问题。但微博这种在信息传播和信息整合方面的独特优势，在对传统媒体造成了很大的冲击同时，也加速了信息的传播，增强了新闻的可读性，扩大了信息来源，已经成为新闻传播中的一个新的重要传播媒介，对新闻事业的发展有一定的举足轻重的产的影响。

二、微博新闻特点分析

（一）多元化的传播主体

微博与其他论坛、博客等需要掌握的技术应用能力相比的使用门槛较低，只需要登录网页，或直接发手机短信到指定号码，便可以随时更新自己的微博。不分年龄、人群、学历、地域、性别、社会地位等，只要能上网人人随时随地都可以发言、转发和评论自己的所见所闻所感，大众有自己真正的话语权。正如北京大学刘教授所言："微博最大的好处是让人人都能发言，于是可以看到不少'公民记者'。从数量上说，因为参与者甚众，聚合人的力量，也能促使政府部门的行政更加公开透明。"

（二）精简化的新闻信息

由于微博的文本限定一定字数，一般不能超过 140 字，这就使得用户，必须精简自己的语言来表达自己所要表述的东西，另外在配合图片或者视频等常常是一两句话概括叙述一件事或评论一个热点话题。这些多样化的内容组合，让受者以更高效率的模式接收微博的新闻信息。

（三）传播渠道的即时性

微博即时滚动更新的方式符合传统的连续性新闻报道的形式特点，用户可以利用微博随时随地发布自己在现实生活中遇到的各种突发事件，其传播渠道的便捷让越来越多的人进入了永无休止的"新闻发布"中，比如滚动播发现场新闻的方式，正是目前国内外的一些传统媒体的微博常用的手段。

（四）传播的互动效果有增无减

拥有较多粉丝群的微博用户既可以面向广大网民的大众传播，也可以使用"某某"的方式实现点对点的人际传播，在发布一条新闻消息后，看到的人群有的立即进行评论，有的则进行转发，不论是采取哪一种形式都是对信息的一种关注和共鸣，这种行为也间接表达了自己本身的一种见解和立场。总之微博新闻超越论坛、博客等，以其融合了各种网络交流工具的优势和特点，已经成为目前最热门的一种网络新闻传播方式。

三、当前我国微博新闻中的问题所在

（一）真实性欠缺，新闻道德有待提高

由于微博准入门槛低，没有任何的条条框框制约，因此各种文化素质、道德素质的人群都可以通过微博发布信息和新闻。用户可以自由发言，对新闻事实的选择并不遵循新闻价值的原则和取向，保持新闻的真实性很难。很多非专业的网民因为社会资源少，无法对事件进行深入全面查证，只了解部分情况便大肆发布信息，不具备专业新闻记者的采访调查能力，因此无法保证其发布的新闻信息的真实准确性。虽然微博也有天然纠错把关机制，但由于网络传播的速度是不容小觑的，当这些谣言迅速传播时，有时也会淹没真实信息，从而引起一定的社会恐慌，这种极端的现象也不能避免。人们依照自己的爱好兴趣，以及价值取向、社会关系等建立自己的好友圈和粉丝群，在这些虚拟的人际交往圈中，互相分享观点，交流意见，但各种圈子之间又相互屏蔽，意见与意见之间形成尖锐的对抗，往往就造成一定的极端现象。

（二）信息冗杂，负面消息过多

微博上也存在着负面新闻泛滥现象。信息冗杂、噪声过多是互联网出现之后产生的问题，而微博又是这种问题的催化剂。微博大部分是重复无用的同质性信息，信息方便获得的同时，过量的信息也会耗掉受者的注意力，最后导致寻找有价值的信息更加困难。比如《人民论坛》杂志就曾做过一项网络调查，结果显示我国有 40% 的网友患上"微博疲劳综合征"，很大原因就在于微博上过多负面信息的堆积，使自己情绪低落，严重影响到其心理健康，同时降低人们的道德底线，对整个社会价值观产生不良影响。

四、新时期微博新闻完善性策略分析

（一）发挥新闻自律组织功能

目前，各大门户网站为了澄清微博中流传广泛的谣言，纷纷开通了官方辟谣微博。其中影响最大的是新浪官方的微博辟谣以及民间的辟谣联盟。其中，微博辟谣是用户在登录微博时，会有通知栏发布信息，微博辟谣的部分内容会出现在通知当中，阻止无效时其官方特性有权采用注销账号或者停用一段时间作为对发布谣言的主要用户进行处罚。而辟谣联盟则是自发的由律师、记者、大学教授、作家等组成的民间打假组织，在浙江乐清事件、郭美美事件等热门事件中都有很积极的表现。

（二）意见领袖引导公民关注公共事务

微博不仅是传播信息的渠道，微博上的意见领袖多为精英分子和专业的新闻工作者，粉丝众多，有强大的话语权和影响力，更是社会利益的维护者和公众安全的保护者。他们对社会现实、重大事件发表意见，在公众的公共利益受到损害时，第一时间站出来为民说话，可以在一定程度上影响舆论导向。

总而言之，微博新闻已然成为现阶段我国新闻传播一种重要形式，然而新生事物都有其不健全的一面。君不见，自微博新闻红遍全球后所引发的"罗生门"，微博暴力等事件层出不穷。归根到底，原因有二：一是我国国民整体素质有待提高；二是我国网络新闻管理机制尚不健全。因此，在这个全民微博化的时代，这个自媒体的时代，如何提升国民本身素质，建立和谐而完善的微博新闻机制成为我们今后所要面对的一大重要课题。

第八节　现代文学与新闻传播

新闻传播和现代文学是高校两个相互独立的学科，其学科定义和发展历史都有着各自的特点，但是由于它们在表达信息时都用到了文字这一工具，因此两门学科之间不可避免地产生联系，这种联系随着时代的发展越发密切。本节通过对新闻与文学特点的分析，来阐述新闻与现代文学相互融合的可行性，并明确了新闻传播与现代文学融合的意义以及新闻传播与现代文学在未来融合过程中需要注意的问题。

新闻传播是指通过对新近发生事件的报道，向受者展示事件发生、发展情况的一种传递信息的手段，其最本质的特点是客观性、真实性和时效性。文学是文化的重要

表现形式,它是指作者以文字为工具,通过一定的文学体裁,运用一定的表现手法,形象化地表达事件发展情况及人类内心情感的一种艺术形式,其最大的特点在于主观性、形象性和艺术性。随着时代的发展,新闻传播和文学这两个看似格格不入的文学形式相互影响、相互渗透,甚至形成了新闻文学化这一新的发展趋势。

一、新闻传播与现代文学的特点

从历史的发展脉络来看,新闻与文学密不可分,甚至可以说我国近代新闻的某些特点根植于近代文学。所以,由于历史和表现媒介的原因,新闻传播与现代文学之间必然存在一定的共性。但是我们也应该看到,随着时代的变迁,新闻传播逐渐脱离现代文学的发展框架,成为一种具有鲜明学科特点的文学形式。

新闻传播的主要手段是新闻报道,而新闻报道作为一种特殊的文字表达形式,具有真实性、时效性、重要性等特点。真实性是指新闻事件必须是确实存在的客观事实;时效性是指新闻对事件的报道要及时、新鲜,所谓的"第一时间报道"指的就是新闻报道要及时迅速;重要性是指新闻报道要有选择性,不能眉毛胡子一把抓,新闻的视角应该指向受者最关心的事件。

二、新闻传播与现代文学融合的可行性

新闻传播作为一门综合性极强的学科,与其他学科之间必然存在着千丝万缕的联系,现代文学自然也不例外。认识源于实践,在新闻传播与现代文学相互融合的理论产生之前,二者之间融合的实践就已经在新闻传播领域展开了,而这种实践活动自然也就成了新闻传播与现代文学融合可行性研究的依据。

(一)新闻传播与现代文学在起源上具有一致性

新闻传播在中国的发展源远流长,古代的烽火传信、近代的邸报等都属于新闻传播的范畴。但是从本质上而言,这些新闻传播的思想与现代新闻传播的理论构架相去甚远。我国现代新闻传播与现代文学都是在半殖民地半封建社会这个大的时代背景下产生的,由于时代的特殊性,许多文人自觉担负起新闻人的角色,开始办报宣传,因此,他们在新闻报道中不可避免地融入文学创作的表现手法,甚至利用了现代文学的体裁,也正是由于二者在起源上的一致性,使新闻传播与现代文学的融合成为可能。

(二)新闻传播与现代文学在发展过程中相互影响

随着时代的发展,人们在对新闻的需求量不断增大的同时,对其质量的要求也越

来越严格。新闻传播在发展过程中虽然逐渐脱离了文人充当新闻人的局面，但是现代文学在发展过程中对新闻传播的影响还是不可忽视的，典型的例子就是报告文学的兴起与发展。例如，夏衍在 1935 年创作的经典报告文学作品《包身工》，就是作者通过亲身调查，采用新闻的视角，运用文学的手法，叙述了当时上海等一些地区工厂中包身工的种种悲惨遭遇，谴责资本家对工人的压榨。

（三）新闻传播与现代文学在表现手法上相互借鉴

新闻传播与当代文学虽然特点各异，但是不可否认，二者之间在表现手法上有很大的借鉴空间。新闻报道中如果只过分强调报道的客观性而忽视其文学性，会使新闻陷入直白浅薄的误区，也会影响受者对新闻的接受程度。因此，一个优秀的新闻人在撰写新闻报道时必然会从现代文学中汲取养分，灵活地运用现代文学的表现手法，这样才既保证了新闻的真实性也兼顾了新闻的可读性，使新闻传播真正做到传递信息、启迪民智。例如，周而复的《诺尔曼·白求恩》就是新闻传播借鉴现代文学表现手法的典范，作者从与白求恩的日常接触片段入手，注重细节性描写，使文章既有明显的新闻性也具备了强烈的文学色彩。

三、新闻传播与现代文学的融合实证

新闻与文学相互融合是现代新闻传播发展的一大趋势，文学性的新闻报道频现国内外媒体的情况屡见不鲜。

（一）美国新新闻主义的兴起与发展

美国的新闻传播在整个西方媒体中占据着重要的位置，向来以新闻的客观性为新闻传播准绳的美国传媒，早在 20 世纪 60 年代就兴起了新闻与文学融合的浪潮，而这次浪潮也被视为美国新闻传播的一次阶段性的变革。60 年代的美国正值社会动荡、价值观转型。这一时期民情浮躁，而刻板、单调的新闻报道无法满足人们了解社会新形式的愿望，人们对新的新闻传播形势和手段的需求越来越强烈，在这种情况下"新新闻主义"应运而生。虽然"新新闻主义"的领路人汤姆·沃尔夫在创作第一篇具有文学色彩的新闻报道时具有一定的偶然性，但是也必须承认，"新新闻主义"的诞生是历史发展的必然。

所谓"新新闻主义"是指新闻人将文学写作的手法运用到新闻稿中。例如，记者在采访时，着重突出对受访场景、受访者语言及心理的细节性刻画，既增加了新闻报道的真实性，也在一定程度上体现出了撰稿人的思想倾向。这种新闻报道形式在六七十年代的美国风靡一时，但是由于当时理论界对"新新闻主义"的界定存在一定的误区，使得"新新闻主义"的发展走向歧途，甚至出现新闻报道小说化、戏剧化的趋势，在接下来的发展中，"新新闻主义"不断衰落，甚至无人问津。但是在 20 世纪 90 年代，随着美国新闻传播理论的成熟，"新新闻主义"再次兴起，理论界通过对"新新闻主义"的科学定义，使其发展走向规范化，而这一时期也出现了许多优秀的"新新闻主义"作品的汇编，这表明新闻传播与文学的融合，在美国新闻界逐渐成熟。

（二）我国报告文学的兴起与发展

20 世纪 30 年代，报告文学在我国兴起。在特殊的时代背景下，这种兼具新闻性与文学性的体裁对新闻传播和现代文学的共同发展起到了重要的推动作用。

1932 年，作家阿英在选编《上海事变与报告文学》时，第一次将"报告文学"定义为一种文学体裁，这一举动极大地推动了报告文学的发展。20 世纪 30 年代初，在"左联"的推动下，报告文学将新闻传播的重点放在宣传革命与抗日上。30 年代中后期，大批优秀的报告文学作品与读者见面，报告文学的体裁、表现手法、思想深度都日趋成熟，经典作品有夏衍的《包身工》、萧乾的《流民图》、胡愈之的《莫斯科印象记》等。其中萧乾的《流民图》是通过描绘"鲁西难民"和"大明湖畔啼哭声"这两幅画面，来表现国民政府统治下灾区人民流离失所的悲惨景象。新中国成立后，出现了大批优秀的报告文学作家以及报告文学作品，如李延国的《在这片国土上》，就以文学的手段、新闻的角度，真实地描绘了引滦工程中那些默默无闻的英雄们；徐刚的《西行路上的左公柳》，则是利用"左公柳"这一历史意象，用凝练的笔法展现了新疆的荒漠化，唤起人们对及环境保护的反思。

四、新闻传播与现代文学融合的意义

（一）提高了新闻传播的表现力

新闻传播与现代文学融合的主要方式就是在新闻报道中运用现代文学形象生动的叙事手法，打破传统新闻报道刻板单调的模式，以提高新闻的表现力，达到吸引读者的目的。在新闻传播与现代文学的融合过程中，撰稿人可以运用细节描写的手段烘托新闻发生的环境氛围，使读者对新闻产生情感共鸣；运用散文的手法设立新闻标题。标题是新闻的眼睛，要想使新闻标题在第一时间吸引读者眼球，可以采用散文的手法对标题进行加工美化，使其富于一定的艺术美感和文学美感；运用议论的手法，其逻辑严密、叙事性强的特点与新闻报道的需求不谋而合，因此撰稿人在新闻报道中运用一定的议论手法，有利于加深新闻报道的思想深度，实现舆论导向的功能。

（二）丰富了现代文学的内容

新闻传播可以在现代文学中得到进一步的发展，现代文学也可以在新闻传播中得到启发。新闻的客观性要求其真实，而这也是现代文学发展的应有之义，因此，现代文学作品在取材上可以借鉴新闻报道的手法，从实际出发、从事件的真实性出发，这样的文学作品才能有针对性，避免文学内容和文学思想的枯竭。新闻报道的时效性要求其内容要反映典型的时代特征、反映民众迫切的需求，而现代文学在创作文学形象的时候也要扎根于时代的土壤之中，只有这样，文学作品才能获得读者的认可。

五、在新闻传播与现代文学融合过程中需要注意的问题

（一）把新闻传播的客观性放在首位

新闻传播自出现以来有许多变化，但都只是内容和形式的改变，新闻的本质没有也不应该发生变化，所以，在新闻传播与现代文学融合的过程中，要始终把新闻报道的客观性和真实性放在首位。在新闻报道中运用文学手法绝不意味着添油加醋或者无中生有，而是应该以客观事实为依据，进行必要的文学创作，使报道具有一定的审美价值，否则，新闻便失去了根本。

（二）注重融合方式的灵活性

新闻报道可以从现代文学叙事手段、描写方法、文学体裁等多方面入手，可以根据其内容的特点，具体问题具体分析，灵活地选取与现代文学的融合方式，切勿照搬照抄。

综上所述，新闻传播与当代文学之间相互渗透、互为借鉴已经成为新闻传播与文学这两个学科发展的一大趋势。新闻传播从现代文学中汲取细节描写的养分，不但会增强新闻报道的可读性，也使其更加真实可信，但是新闻人在新闻传播与现代文学融合的过程中必须要坚守新闻的客观性，杜绝为追求新闻的文学性而出现新闻失真的情况，也只有坚持了新闻真实客观这一条基本的底线，才能实现新闻传播与现代文学的更好融合。

参 考 文 献

[1] 赵路,李东进,韩德昌.广告理论与策划 [M].天津:天津大学出版社,2009.

[2] 黎英.影视广告表现技法 [M].合肥:合肥工业大学出版社,2006.

[3] 张勇.广告创意训练教程 [M].北京:高等教育出版社,2003.

[4] 陈培爱.广告学概论 [M].北京:高等教育出版社,2004.

[5] 宋若涛.广告效果分析 [M].郑州:郑州大学出版社,2008.

[6] 蒋旭峰,杜骏飞.广告策划与创意 [M].北京:中国人民大学出版社,2006.

[7] 邬晓光,张晓.广告文案写作 [M].北京:机械工业出版社,1991.

[8] 程宇宇.广告文案创意 [M].武汉:中南工业出版社,1999.

[9] 王多明.广告写作技巧 [M].成都:西南财经大学出版社,2000.

[10] 邬晓光,张晓.广告文案写作 [M].北京:机械工业出版社,2015.

[11] 斯坦利·巴兰,丹尼斯·戴维斯.大众传播理论 [M].曹书乐译.北京:清华大学出版社,2004.

[12] 王多明.广告写作技巧 [M].成都:西南财经大学出版社,2015.

[13][美]麦德奇·保罗 B.布朗.大数据营销:定位客户 [M].北京:机械工业出版社,2013.

[14] 陈刚,等.创意传播管理 [M].北京:机械工业出版社,2014.

[15] 查灿长.国外高校广告教育研究 [M].上海:上海三联书店,2013.

[16][美]大卫.新规则:用社会化媒体做营销和公关 [M].北京:机械工业出版社,2013.

[17] 陈刚等.创意传播管理:数字时代的营销革命 [M].北京:机械工业出版社,2014.

[18] 陈刚,李丛衫.关键时刻战略:激活大数据营销 [M].北京:中信出版社,2014.

[18] 杨保军.新闻理论教程 [M].北京:中国人民大学出版社,2005.

[19] 陈力丹,陈俊妮.传播学纲要 [M].北京:中国人民大学出版社,2013.

[20] 段鹏.传播学基础:历史、框架与外延 [M].北京:中国传媒大学出版社,2013.